大学教师发展研究系列丛书

沈红 主编

中国大学教师
学术发表的影响因素研究

Impact Factors of Academic Publication
of University Faculty in China

谷志远◎著

中国社会科学出版社

图书在版编目(CIP)数据

中国大学教师学术发表的影响因素研究／谷志远著 . —北京：中国社会科学出版社，2016.12
(大学教师发展研究系列丛书)
ISBN 978 - 7 - 5161 - 8514 - 8

Ⅰ.①中… Ⅱ.①谷… Ⅲ.①高等学校—教师—学术工作—影响因素—研究 Ⅳ.①G644

中国版本图书馆 CIP 数据核字(2016)第 154229 号

出 版 人	赵剑英
责任编辑	赵 丽
责任校对	闫 萃
责任印制	王 超

出 版	中国社会科学出版社
社 址	北京鼓楼西大街甲 158 号
邮 编	100720
网 址	http://www.csspw.cn
发 行 部	010 - 84083685
门 市 部	010 - 84029450
经 销	新华书店及其他书店

印 刷	北京明恒达印务有限公司
装 订	廊坊市广阳区广增装订厂
版 次	2016 年 12 月第 1 版
印 次	2016 年 12 月第 1 次印刷

开 本	710×1000　1/16
印 张	13.25
插 页	2
字 数	205 千字
定 价	48.00 元

总　序

　　几年前，华中科技大学出版社出版了两套我主编的丛书，分别是《21世纪高等教育管理研究丛书》和《21世纪教育经济研究丛书·学生贷款专题》。从这两套丛书的撰写、编辑、出版、发行的全过程中我领悟到，将同一研究领域（如"学术职业研究"）、甚至是同一研究主题（如"大学教师发展"）的、由同一导师指导的多部博士学位论文集结起来，在高水平的学术出版社出版，至少有如下几大好处。第一，导师在为后续博士生选择研究方向和学位论文主题的过程中，除了重视博士生本人的研究兴趣和导师的科研项目之外，也会重视团队研究的持续效应，无论是博士生还是博士生导师，都希望在宽展的研究平台上，团队可"攥紧拳头"、持续发展。第二，"新科"博士会具有良好但辛苦的学术职业起步期，学位论文答辩通过后的博士"生"不能有丝毫懈怠，马上进入论文改写、提升为专著的阶段，以专著作为学术职业的"敲门砖"，使第一步走稳走实。第三，团队整体和博士个体的学术影响力迅速增强。作为成套丛书，在出版社的学术声望上、在图书的出版质量和发行市场的影响力上，"丛书"比"单书"的份量更重。

　　我本人具有在华中科技大学进行跨学科求学的经历。本科专业是"77级"的机械制造工艺及设备自动化，获工学学士；硕士专业是高等教育管理，获教育学硕士；博士专业是管理科学与工程，获工学博士（1997年的"管理学"尚未从"工学"中分离）。我于1999年晋升为教授，2000年开始以博士生导师的身份独立招收博士研究生，到今天的2016年已有17个年头，共培养出各种类型的博士54人：从学术学位和专业学位的分类来看，有哲学博士52人和专业博士2人；从学位和学历来看，有双证博士40人和单证博士14人；从国别来源看，有中国博士 52 人和非洲博士 2 人。由于我本人的知识结构和教学科研岗位跨两个学科，我在高等教育学专业、教育经济与管理专业招收博士生，这 54 个博士获得的学位在学科分类上分属于教育学和管理学，各约一半。跨在"高等教育学"和"教育经济与管理"这两个专业之间的是"高等教育经济与管理"。笔者指导的所有当前博士生（学术型 13 人，专业型 10 人，来华留学博士生 3 人）和已毕业的博士 54 人就是研究"高等教育经济与财政"和"高等教育与高等学校管理"的。在"高等教育经济与财政"领域，我们研究了高等学校学费及标准与支付、学费弹性问题，高校贫困生判定及资助、学业进步问题，高等教育学生贷款及贷出与回收问题，高校学生资助的财政效应、社会效应、政策效应与育人效应问题；我们还研究了地方政府在高等教育上的支出责任与财力保障间的匹配问题，生均培养成本与高校校均规模的适应问题，大学科研直接成本与间接成本问题，当代中国在校大学生的支出与消费问题，当代中国的文凭效应和"过度教育"以及大学生就业问题，等等。在"高等教育与高等学校管理"领域，我们研究了学术职业发展的内在逻辑和外在竞争力问题，当代学术职业人的学术成就与下一代学术职业接班人的培养问题（如博士生培养和博士生资助），还有学术职业发展的多国比较问题；我们还研究了大学教师的入职、流动、晋升、薪酬、评价以及发展目标问题；研究了高等学校分类发展的理论、实践及分类方法问题；研究了高等学校中的教学与科研的关系、管理与治理的关系、师与生参与大学治理的问题，等等。

我们很幸运地得到中国社会科学出版社的大力支持。我主编的《高等教育财政研究系列丛书》已基本出齐。《高等教育管理研究系列丛书》正在出版的进程中。《高等学校治理研究系列丛书》还在紧锣密鼓地准备之中。今天呈现在广大读者面前的是我主编的《大学教师发展研究系列丛书》中的一本。该套丛书，主要因我指导的博士学位论文改写而成的专著所构成，所有专著的作者都是我曾经指导的学术型博士生，所有的专著内容都来源于各作者的博士学位论文的原创性研究。

本人自 2004 年起作为中国大陆的唯一代表参加了由 20 个国家和地区合作进行了十多年的"学术职业国际调查与研究"及后续项目（Changing Academic Profession, CAP, 2004—2014; Academic Profession in

Knowledge Society，AP－KS，2014—）。本人曾在《北京大学教育评论》上发表的《论学术职业的独特性》一文（2011 年第 3 期，第 18—28 页）中给出了"学术职业"在中文语境下的定义。"广义指的是所有的分布在不同机构中的学者和他们所从事的学术工作，狭义指的是将四年制本科院校作为其职业发展场所的学者和他们从事的学术工作。"本人将本团队的主要研究限定在"狭义"的范畴。在这历经了 12 年的对"学术职业"的研究中，"大学教师及其发展"是我们团队研究的"当然的首要对象"（本团队研究中的"大学"指代中国的四年制本科院校）。我们的多本博士学位论文和硕士学位论文、多个来自国家自然科学基金和国际基金组织支持的项目、多篇发表的学术期刊论文，都是研究大学教师的。我当然非常感谢这十多年来跟随我一同进行学术职业和大学教师发展研究的博士和博士生们！正是因为你们的出类拔萃、勤奋刻苦、质疑创新，才给了我学术研究上无穷的压力和动力，促使我永不停步且不能停步！因为我们的学术沙龙、我们的写作发表、我们的项目进行、我们的争辩议论，都需要作为导师的我的引领和新的贡献！是你们推着我前进！

　　我衷心感谢本套丛书中的每一位作者！感谢为我们的研究提供极好学术环境和工作条件的华中科技大学和华中科技大学教育科学研究院！感谢中国社会科学出版社给予的大力支持和每位责任编辑的辛勤工作！最后要感谢阅读我们的成果、理解我们的追求的每一位读者！

2016 年 6 月 6 日

目　录

第一章 绪论

大学尤其是研究型大学能够获得社会的认可、具有较高社会声誉的根本原因在于它们拥有一批掌握着高深知识的保存、创造和传播的优秀人才资源，而这种优秀人才的主要构成就是教师。尽管高校发展目标和高校教师个人职业成长、发展的目标存在一定的不一致性，但是对高深知识的创造、对学术成就和学术声望的追求，确是一致的。同时，这也是二者生存和发展的最核心要素。高校教师学术发表的数量与质量*、培养高级人才的数量和质量，直接关系到一所高校、一个区域高等教育的成就和声望，并且，从某种角度来说，高校教师学术发表数量和质量的高低也关系到一个国家高等教育的国际声誉和影响力，是一个国家科技资源水平高低的重要衡量标准。

一 选题缘起与研究意义

近代科学发展的历史表明，世界各国科学技术发展是不平衡的。而科学技术的发达，与一个国家杰出的科学队伍密切相关。历史上科学中心的数次转移中，凡是位于科学中心的国家，无不拥有一支杰出的高层次人才队伍。现代，值得注意的一种倾向，就是多产的科学家（一生有两项及以上重大贡献）的人数比例日趋下降。这就是说，在现代，绝大多数出色的科学家一生只能作出一项重大的贡献。多产科学家比例

---

* 本书中的高校教师学术发表用近三年经同行评议获得的学术发表的数量来替代。虽然学术成就不仅指同行评议学术发表，并且不只是数量。由于研究条件的暂不可行，本书研究仅如此设计。

的下降，使得科学家队伍的社会集团研究能力愈加重要。① 一个国家中只有几个杰出的科学大师远远不够，还需要有一批杰出的科学家队伍。

（一） 选题缘起

高校是高层次人才聚集之地，学术大师等杰出人才多数诞生于培育高层次人才的高等教育机构。我国进入高等教育大众化时代之后，大学教师的数量快速增长，截至 2013 年，全国普通高校共有教师 149.69 万人②，比 1998 年的 40.73 万人③，增加了 108.96 万人，增长了约 2.7 倍。随着我国的高等教育规模的扩张和科技人力资源数量的提升，使我国科技论文发表上的数量大大增加。然而，在高等教育规模扩大的同时，高等教育质量问题却引起了我国社会各界人士的广泛关注，尤其是对高校的科研产出质量，一直存在着很多的质疑和批判。如 2008 年一位国务委员指出："近 5 年来，我国科技投入增长速度较快，增速为同期 GDP 增速的 2.2 倍，但科技成果转化率平均仅为 20%，实现产业化的不足 5%，专利技术的交易率也只有 5%，远远低于发达国家。近日有报道称，我国 GDP、研发人员总量、论文量均仅次于美国，国家创新能力却仅排名第 19 位。④ 也就是说，我们的科技投入大幅增加，产出效率却仍然低下。我们发表了不少论文（中国每年论文发表数量已进入世界前几名），但许多论文质量低下，纯粹是为了迎合评价系统的需要。"⑤ 而对于我国大学教师的评价体系，又有很多热议，如针对现行大学里普遍存在的教师量化指标考核，有研究者指出："由于当前评价教师的量化指标对申请到多少项目和经费、发表多少篇（部）论文（著作）的级别作了严格的规定，许多教师为了达标，只好改变自己的

---

① 赵红州：《科学能力学引论》，科学出版社 1984 年版，第 19 页。

② 《2013 年全国教育事业发展公报》，2014 年 7 月，中国新闻网（http://www. chinanews. com/edu/2014/07 - 04/6353565_ 2. shtml）。

③ 教育部 1998 年教育统计数据，（http://www. moe. gov. cn/s78/A03/moe_ 560/moe_ 570/moe_ 572/201002/t20100226_ 7641. html）。

④ 《2 与 19 排名落差在哪儿》，2014 年 10 月，解放日报（http://newspaper. jfdaily. com/jfrb/html/2014 - 10/26/content_ 29698. htm）。

⑤ 《科技产出怎样才能与科技投入成正比?》，国家科技成果网（http://statistics. tech110. net/html/article_ 382588. html）。

兴趣和专注点，由专心具体科研转向既搞研究又兼顾课题申报，甚至搞社会关系，跑课题。他们的角色因此而多重化。这样的直接后果是，学者失去了持久的专注力。一个有潜力的学者如果多头出击，很少有时间沉静下来，其成果的质量也就可想而知了。而目前量化评价标准只能造成学术浮躁、高质量的原创性成果稀缺！"① 这些事实表明，我国学术论文和研究成果在数量上空前繁荣，然而，学术发表数量上的激增并不意味着我国学术质量上的提高，学术成果数量上的繁荣和高质量的相对稀缺，成为我国现行学术界的一道并不亮丽的学术风景，这也表明我国高校教师学术发表要想达到"质量"和"数量"的比翼双飞，还需要较长的一段路要走。

2005 年，温家宝总理在看望著名物理学家钱学森时，钱老曾发出感慨：回过头来看，这么多年培养的学生，还没有哪一个的学术成就，能跟民国时期培养的大师相比。他认为："现在中国没有完全发展起来，一个重要原因是，没有一所大学能够按照培养科学技术发明创造人才的模式去办学，没有自己独特创新的东西，老是'冒'不出杰出人才。"② 据新华网报道，2010 年 3 月，列席全国政协委员科技界联组会的中科院副院长李家洋，在谈及"钱学森之问"时表示，太多的科学家从政，可能会使本该成为科学大师的人无法开展进一步的科学研究，因为科学创造需要时间保证。在李邦河看来，对科学家而言时间就是成果，但按照现行的科研体制和机制，科研单位的领导往往把主要精力放在做评审、跑项目、找资金上面。③

总结以往"明星学者"、学术声望较高的大学教师的特点，可以发现，他们可以分为四种类型，第一类是速成型，指可以迅速上升并于早年达到成就的定点，之后开始逐渐下降；第二类是迅速达到成就的顶峰地位并能够保持的学者；第三类是一生中发展平稳，刚开始并无出色的

① 周艳：《中国高校学术职业的结构性变迁及影响》，《清华大学教育研究》2007 年第 4 期。
② 《温家宝：钱学森之问对我是很大刺痛》，2010 年 5 月，新华网（http：//news. xinhua-net. com/politics/2010 – 05/05/c_ 1273985. htm）。
③ 中科院副院长李家洋称：科学家从政阻大师成才，2010 年 3 月，新华网（http：//news. xinhuanet. com/edu/2010 – 03/08/content_ 13120509. htm）。

成就，到职业生涯的末期也不会有显著的成就者；第四类是"大器晚成"型，刚开始并无出色的学术成就，而到职业生涯的末期获得成就的顶峰者。艾伦·格雷格发现，在发现和奖励天才的制度之中，偏爱早熟者被置之其中。艾伦·格雷格进一步论证说："早熟可能会在短时期的竞争斗争中取胜，但从长远看，其代价是只有较慢的发展速度，而且需要较大的潜力。"……因为我们知道取得了成功的大器晚成者，他们在年轻时既未得到支持，也未得到响应，从来就没有想过得到自己应获得的东西。① 这种对早熟者的青睐，会使暂时未取得成就但有潜力和能力的青年人被视为平庸之辈而遭到埋没，并且会使社会失去宝贵的才华横溢的人才和成果。

　　目前，对高校教师学术发表的研究还停留在经验分析和典型个案研究的基础之上，如对著名学者的学术生涯进行分析，探讨其成才路径，这样的研究固然可以非常深入地研究并总结出著名学者的成才路径中的经验和特点，但是少数著名学者的成才路径中，促其成才或成名的因素往往具有不可复制性，因此，不能仅关注少数处于"塔尖"的著名学者而忽略了大多数默默奉献的教师群体，毕竟一个国家的学术成就的取得，是依靠包括少数著名学者在内的全体学术从业者的集体贡献。那么以大学教师群体为研究对象，基于第一手的调查数据，对影响高校教师学术发表的诸因素进行深入分析，探讨影响高校教师学术发表的基础因素和核心因素、直接因素和间接因素、内在因素和外在因素等，并尝试构建影响高校教师学术发表的诸因素关系模型，尝试找出高校教师学术发表影响因素的普遍规律性的因素，是本书的研究目的所在。

（二）研究意义

1. 理论意义

　　大学教师的工作产出一直以来是经济学、管理学和教育学研究关注的热点问题。从经济学角度看，大学教师的工作产出与一个国家的

---

① ［美］罗伯特·K. 默顿：《科学社会学——理论与经验研究》（下册），鲁旭东、林聚任译，商务印书馆 2004 年版。

经济发展、社会进步具有密切关系，新制度经济学理论从资源配置的角度研究了大学教师的工作产出与资源投入、资源配置的关系，更多地关注资源投入对大学教师产出的影响，而对非经济因素对大学教师产出的关注较少；管理学领域对大学教师工作产出或成果的研究，主要基于绩效管理理论，从组织和个人的角度出发，分析大学教师工作产出或者工作绩效的评价、影响因素等等；管理学领域的研究主要借鉴企业管理的相关绩效管理理论和实践，基于职业发展理论和人力资源管理理论，更多地关注对大学教师的激励，通过对大学教师工作动机、满意度、职业倦怠等方面的调研分析，提出提高教师工作绩效的相关理论和措施。从一般意义上来说，工作产出及对工作产出的评价（工作绩效）往往意味着对大学教师工作成果的认同和评价，这种认同和评价的优异程度与高校教师学术发表密不可分，并且在一定程度上，前者决定了高校教师学术发表的高低。研究高校教师学术发表，不仅要考虑到大学教师这一职业不同于其他职业的特殊性，从大学教师这一职业的特点入手，对高校教师学术发表进行深入剖析，其中，对高校教师学术发表影响因素进行研究，是揭示造成高校教师学术发表高低客观和主观因素的原因的探究，目的是为了提高大学教师的职业成就，建立大学教师的工作激励机制，使我国高校教师学术发表向更高层次迈进。从这个角度来说，对高校教师学术发表影响因素的研究不仅对大学教师的管理具有重要理论价值，而且对于充实大学教师职业发展等相关理论都具有比较重要的意义。

2. 实践意义

高校教师学术发表实质上反映的是对大学教师工作成果的评价。在学校里，青年教师往往效仿已经取得一定成就的大学教师，沿着成功者的职业路径发展，但是却往往忽视了自身的特点和优势，不一定能够取得与之相当的学术成就。因此，分析我国高校教师学术发表高低的根本原因，寻找影响学术发表的普遍的、共性的因素，探讨高校教师学术发表诸影响因素之间的关系，剖析影响高校教师学术发表的基本因素和核心因素，所得分析，有望为高校教师本人提供职业发展方面的指导，提高其学术产出的"质"与"量"，另外，通过对影响高校教师群体学术发表共性的普遍存在因素的分析，试图构建影响高校教师学术发表诸因素关系模型，为合理预测高校教师学术发表，提供科学的实践思路，同时也可以为提升我国学术竞争力提供政策建议。

二　相关概念及界定

（一）学术

近些年来，"学术"一词频繁出现在各种著作、报刊、新闻报道等之中，然而对"学术"一词的概念，也有着诸多的解释。笔者对国内外关于"学术"一词的研究文献作了梳理，以明确文本中"学术"一词的具体含义。

首先，介绍国内对学术的定义和认识。在近代，梁启超在其《学与术》一文中对"学"和"术"进行了辨析，他认为：术也者，取所发明之真理而致诸用者也。例如以石投水即沉，投以木则浮。观察此事实以证明水之有浮力，此物理也，应用此真理以驾驶船舶，则航海术也。研究人体之组织，辨别各器官之机能，生理学也。应用此真理以疗治疾病，则医术也。学与术之区分及其相互关系，凡百皆准此。[①] 他比较清楚地说明了学与术的区别：学的内涵在于能够揭示研究对象的因果联系，形成理性认知和创新；术则是对这种理性认知的具体运用。[②] 近代以来一般认为蔡元培先生关于学术的观点最具代表性：文理学也；法、商、医、工，术也。学以学理、求真为旨趣，术以应用、求实为目标。治学者可谓之"大学"，治术者可谓之"高等专门学校"。[③] 在当代汉语词典中，学术指有系统的、较专门的、理论性较强的学问。《辞海》（1999年版）中对学术的定义是："指较为专门、有系统的学问"。宋旭红在其著作《学术职业发展的内在逻辑》中认为："学术是大学教师以一定的专业知识为基础进行的创新性的并超出个体意义的智力活

① 王国维：《论近年之学术界》，载周锡山《王国维文学美学论著集》，北岳文艺出版社1987年版。

② 邬伟娥：《知识转移视角的大学学术生产力研究》，博士学位论文，浙江大学，2006年，第31页。

③ 中国蔡元培研究会：《蔡元培全集》（第三卷），浙江教育出版社1998年版，第290—291页。

动，及由此所表现出来的学术水平和学术成就。学术是通过同行评价形式被认可或获得声誉，它涵盖发现的学术、综合的学术、运用的学术、教学的学术四个彼此联系、相互依赖的方面，其结果可能被交流和广为传播，并对学术领域产生积极的影响或促进社会发展，使同行和公众受益。"① 综上所述，尽管国内学者对学术的理解和认识存在一定的差异，但是，大都认为学术与大学有密切关系，与专门的高深知识有密切联系。

国外学者对"学术"的理解和认识可以从两个英语词汇来阐释，分别是 academic 和 scholarship。学术具有代表性的解释是《牛津大辞典》（2004 年版）中的定义：①形容词，词义为学校的，柏拉图哲学的，属于大学或其他高深学问机构的，学者式的，抽象的，非技术的或非实用的，纯理论的；②名词，词义为：柏拉图主义；大学或相似机构中的专业学者或资深学者；专注于或擅长于学术探求的人。学术侧重表达学问、学识或学术成就之意。国外学者主要从学术的分类、学术的功能和学术评价等三个方面进行阐述。对于学术的内涵进行研究的代表作是博耶的《学术水平的反思》，他提出将学术分为发现的学术、综合的学术、运用的学术和教学的学术四类。他对自己提出教授工作的四种学术给予了详细的解释：发现的学术是"研究"内涵的首要的最为人所了解的要素，在学术界，最高的宗旨就是对知识本身的追求，是探究的自由，以专业的方式沿着自己的调研前进，而不管它导向何处；综合的学术就是建立各学科之间的联系，在更广阔的背景中考察专门知识，在阐述数据中有所发现，把自己和他人的研究综合起来；运用的学术是发挥学者和知识在专业领域的服务功能，在学术服务中使知识发现与知识运用有机地相互促进，相互更新，使理论和实践都服务和促进人类知识的发展；教学的学术是指传播知识，使知识可持续，把最真实、最具智慧的新知识带给每一个希望学习知识的人。同时，他还指出，这四种学术彼此联系、不可分割，形成一个相互依赖的整体。② 之后的研究者对

---

① 宋旭红：《学术职业发展的内在逻辑》，华中科技大学出版社 2008 年版，第 12 页。

② Ernest L. Boyer, *Scholarship Reconsidered*: *Priorities of the Professoriate*, Carnegie Foundation for the Advancement of Teaching, Princeton, 1990, pp. 15 – 25.

学术的界定深受博耶对学术认知观点的影响，对学术的界定基本包括发现、运用、综合和教学等四个方面。总的来说，英文语境下表达学术的两个名词分别有着不同的含义，但这两个名词也具有共同之处即都包含着探究高深知识的活动。

本书认为，学术是指以高深知识和专业知识为基础的，经过专业系统训练的各类机构中的学者从事的具有一定创新和发现的高水平智力或技术活动。它是大学教师工作的核心和关键，还是大学教师赖以生存的根本，还是能够体现大学教师创造知识、传播知识、体现其知识水平和学术能力的基本活动。

（二）学术人

笔者所见对"学术人"所下定义的最早的专著是洛根·威尔逊（Logan Wilson）的《学术人》，在这本著作中，作者用于表述学术人的词语有两个，分别是 academician 和 Academic Man，作者指出："广义上来讲，学术人（academician）的职责是保存、传播和创造知识"，这一职业的职责非常广泛，大学中的学者、教师、教育工作者、研究人员和科学家等都可以称为"学术人"。[①]"学术人"的特征主要有：（1）以追求学术知识为理想；（2）在特定的学术文化背景下，有坚定的学术立场和严谨的治学态度；（3）具有良好的学术人格，在从事学术研究时有开拓性；（4）有渊博的学术知识和学术能力，能不断积累知识，并运用知识发展学术事业；（5）有学术权力，在学术界有权威性，有良好的学术道德。[②]

在本书中，"学术人"是指以学术为业的大学教师群体，这一群体是以保存、应用、创造和传播知识为己任，具有一定的学术水平和学术声望。

[①]　Logan Wilson, *The Academic Man: A Study in the Sociology of a Profession*, Oxford University Press, 1942, pp. 3 - 4.

[②]　李志峰、杨开洁：《基于学术人假设的学术职业流动》，《江苏高教》2009 年第 5 期。

（三）学术发表

大学以高深知识为基础，保存、创造、应用和传播知识的功能是其生存和发展之基，对学术声望的追求是其发展的动力，正如亨克尔的研究一样，对专业的追求和学术身份的追求是完全分不开的。[①] 而高校教师的学术发展与大学的职责具有密切的联系，在某种程度上，具有一定的传承性和一致性。高校教师对学术声望的追求、对学术身份认同的渴望，是其获取学术地位的关键。学术成果作为学术工作和学术地位获得的"细胞"单位，在不同的学科领域而言，学术成果的界定也不一样，一个发现、一篇论文、一部著作、一首音乐、一幅绘画作品等都有可能是该学科领域中的成果，但是对于大多数学科领域而言，都需要通过学术发表赢得专业领域的认同，赢得相应的学术成就与地位。高校教师学术成就如何加以判断？顾名思义，高校教师学术成就是指学者在学术工作中所取得的成就。学术成就的价值往往具有滞后性，社会对学术成就的价值判断也是在不断变化和发展的，因此，对成就的判断标准往往具有模糊性和不确定性，通常，学术成就的优异通过学术系统的奖励机制、所获得的荣誉以及在该学术领域中所处的地位来评判。学术系统的奖励和荣誉如诺贝尔奖、菲尔兹奖等，学者的学术地位如掌握着对其他学者进入该领域的生杀大权、为学术新生力量提供上升机会、掌握学术资源分配权利等，是其具有较高学术成就和地位的表现。尽管评价高校教师学术发表的标准和形式各异，但是这些评价都是建立在学者获得成就多带来的奖励、荣誉和地位等的基础之上的，而并非高校教师学术发表本身。高校教师学术发表的实质是对学者在学术工作中产出成果的承认和认可。因此，在目前多数学术领域中，学术成果的表现形式为学术发表，尤其是经过同行评议的学术发表，它意味着处于同一学术领域中相对较为权威的学者对该产出成果的认可。因此，在本书中高校教师学术发表是指大学教师通过工作上的努力所获得的被同行认可的产出结

---

① ［英］托尼·比彻、保罗·特罗勒尔：《学术部落及其领地：知识探索与学科文化》，唐跃勤、蒲茂华译，北京大学出版社 2008 年版，第 80—81 页。

果，具体来说，是用学者在一定时期内（近三年）的同行评议期刊发表来表示。

三　文献综述与评价

与高校教师学术发表及影响因素等问题有关的代表性文献主要分为三个方面：第一是高校教师的成就动因；第二是高校教师学术发表测度与评价的相关研究；第三是高校教师学术发表影响因素的相关研究如大学教师工作绩效、工作成就、专业成就影响因素研究等。

（一）有关高校教师的成就动因研究

要研究高校教师学术发表的影响因素，首先要明确高校教师的成就动因，即职业成就的动机或动力因素。关于高校教师的职业成就动因分析主要基于职业发展理论和成就需要理论。

职业发展理论认为，在个人漫长的职业生涯中，尽管个人的具体情况、职业选择与职业转换等情况各不相同，但是，职业发展却是每个人的共同追求。职业发展是指个体逐步实现其职业生涯目标，并不断制定和实施新的目标的过程。施恩从职业发展的角度将职业分为内职业和外职业两大类，他认为外职业是指经历一种职业的通路，包括招聘、培训、晋升、解雇、退休等各个阶段；内职业生涯更多地注重所取得的成功或满足主观感情以及工作事务与家庭义务、个人消闲等其他需求的平衡。① 职业发展的分类多种多样，一般地可分为职务变动发展和非职务变动发展两种基本类型。职务变动发展又可分为晋升与平行调动两种形式。晋升是职业发展的常见形式，晋升是成功的标志，对晋升的渴望是一种积极的动机，它会使员工在工作中创造出更好的业绩，特别是对处于职业生涯早期和中期的员工而言，其激励效果更明显。平行调动虽在职务级别上没有提高，但在职业生涯目标上可以得以发展，从而为未来的晋升做好了准备。非职务变动发展也越

---

① 马力：《职业发展研究：构筑个人和组织双赢模式》，博士学位论文，厦门大学，2004年，第179页。

来越成为职业发展的重要形式，特别是随着经济状况的变化，组织机构呈现出扁平化，结果是组织机构削减管理层，晋升的空间——构筑个人与组织双赢模式的空间越来越小。为留住大量有才干的中层工作人员，组织机构不得不对成长和成功的真正含义作出建设性的思考。职业生涯的成功可以以横向调整的形式实现，通过工作丰富化在"原地成长"。具体而言，非职务变动发展包括工作范围的扩大、改变观念以及方法创新等内容。如果员工的能力提高了，但没有组织结构的变化和高一级的职位空缺，可以通过拓宽职务责权的方法，使其职业生涯得到发展，即使其职务内容丰富化，并给予相应的待遇。改变观念以及工作方法创新都可以提高个人的工作能力，改善个人的工作业绩，使其本人得到激励和鼓舞，同样是职业发展。目前，许多员工仍然倾向把向上流动等同于成功，认为不提升就是职业生涯的失败或受挫，这种观念应得到修正。

心理学领域把职业成就的动因归结为个人的成就需要。成就需要理论研究的代表人物是美国社会心理学家麦克利兰和美国人格心理学家默里（H・A. Murray）。默里是最早有系统地提出成就需求这个概念的心理学家，他将成就需求界定为个体"为完成困难的工作；为操控或组织事物、人物或思想；为尽快且独立地做好；为克服障碍且达到高的标准；为超越自己；为超越且胜过别人；以及为使得个人的才能通过成功的学习而增进自我尊重"的一种欲望。在默里的研究基础上，麦克利兰的成就需要研究中进一步指出，成就需要的高低对一个人、一个企业和一个国家的发展和成长，起着特别重要的作用。一个成就需要高的人往往朝气蓬勃，勤奋工作，成绩显著。一个企业中成就需要高的人愈多，发展就愈快，获利也愈多。一个国家中成就需要高的人愈多，就愈兴旺发达。据麦克利兰的调查，英国在 1925 年拥有较多的成就需要高的人，在被调查的 25 个国家中名列第 5 位，因此当时英国的经济情况很好。而在第二次世界大战以后，英国的成就需要高的人日趋减少，在被调查的 39 个国家中名列第 27 位，因此英国的经济情况也日益走下坡路。①

---

① 关力：《麦克利兰和阿特金森及其成就需要理论》，《管理现代化》1998 年第 1 期。

　　按照麦克利兰的观点，个体的成就需要与他所处的经济、文化、社会、政府的发展程度有关，社会气氛也影响着人们的成就需要。成就需要强的人，事业心强、进取性大。把个人的成就看得比金钱更重要，他们在工作中克服困难、解决难题、取得成功所带来的喜悦和振奋超过了物质奖励。成就需要是个体在社会生活领域中对渴望成功地完成某件事情的客观需要的一种主现状态。当个体接受在社会生活各个方面有成就要求时，就会转化为成就需要。其高低影响个体的成就效果。个人的成就需要受全民族成就需要的影响。高成就需要者具有三种心理品质：（1）喜欢能够发挥独立解决问题能力的环境，从事富有挑战性的工作，并从中获得满足；（2）在从事冒险性工作之前总要经过一番周密思考，并制定有限的成就目标；（3）必须有明确的、不间断的关于工作进展的反馈，如得到嘉奖、提升工资、晋升职务等，使其获得莫大的成就感。对这种高成就需要可以通过教育加以培养训练。①

　　麦克利兰对高成就型动机的人进行概括之后，并不满足于现象的描述，他进一步对高成就型人的行事原因进行了分析，发现他们都具有较强的成就方面的需要。正是这种需要，使他们常常考虑如何把事情干得更好。那么，这种成就需要是先天的还是后天的？麦克利兰认为，这种成就需要并非与生俱来，而是源于后天的培养。麦克利兰认为个人对自己认为重要或有价值的工作，不但愿意去做，而且急于获得成功，力求达到完美的地步。这种人竭力追求的是个人成就所带来的心理满足，而不是去追求由于成就本身所带来的报酬，他们谋求把事情做得比以前更好、更有效果。麦克利兰认为这种人是达到高度自我实现的人，成就需要或成就动机是人类独有的，既非由于先天的遗传，也非由于生理需要，而是在与他人的社会交往中学习而来的。因此，在不同的个人和不同的团体之间成就动机就会具有一定的差异。这种差异的形成从个体来说，与个体的年龄、性别、能力、性格、经验等主观因素以及工作性质等客观因素有关；从群体来说，与社会文化、社会经济发展水平、家庭教育等因素有关。具体说来，影响成就动机的因素有以下几条：（1）个人受教育程度。个人受教育程度越高，成就动机就越强。（2）

---

　　①　车文博：《当代西方心理学新词典》，吉林人民出版社2001年版，第40—41页。

性别、年龄因素。一般说来，男性的成就动机高于女性。（3）个人的兴趣和专长。个人对于自己的兴趣和专长的领域成就动机较强。（4）亲属朋友的期望。生活在一个对成就有较高评价的环境中的个体，一般说来成就动机较强。（5）面临工作的难度。工作难度适中，个人经过努力能够实现时，成就动机最强。（6）身体条件与社会环境。如气温在10℃时，人们的成就动机较高；社会比较稳定繁荣时，人们的成就动机高。麦克利兰认为可通过心理测验来鉴定具有高度成就动机的人，并可以通过训练和教育来培养这种高成就需要。通过培养个人的成就动机，为人的成就动机的发挥创造条件，可以取得较好的组织绩效，发挥个人的潜能，为社会作出更大贡献。

职业发展理论和成就需要理论，从组织的角度和个人成就需要的角度，全面深入地解释了作为职业人的成就动机和动力因素，对于本书判断大学教师学术发展影响因素提供了可供借鉴的思考角度。

（二）有关高校教师学术发表的测度和评价的研究

对于高校教师学术发表的测量和评价的相关研究主要包括大学教师评价、大学教师生产力和大学教师学术产出、发表量、工作绩效等的研究。

经济学领域对大学教师产出成果测量与评价的研究主要以探讨大学教师生产力的测量和对高等教育的产出能力的评价和探讨为主。经济学领域通常认为：产出与投入（如大学教师的时间）与输出结果（学生的学习等）密切相关。大学教师的产出与高等教育的三大输出结果相关：知识的传播——教学，知识的创造——研究，知识的应用（解决社会问题）——服务。霍普金和马西的研究指出，高等教育的产出可分为测量的产出和不可测量的产出两大类：可测量的产出包括课堂教学人数、学位授予人数、研究奖励、论文及引用率、公共服务等；不可测量的产出包括教学质量和数量、研究质量、服务质量、声誉或声望等。[①] 艾希里·希尔瓦博士在其博士学位论文《美国公立研究Ⅰ型大学

---

① Ashley Paul D'Sylva, *Examing Resource Allocation Within U. S. Public Research I Universities: An Income Production Function Approach*, The University of Arizona, 1998, pp. 11 - 95.

资源配置的测量：基于投入和产出的计量》中将高等教育的产出变量的测量与计算集中在教学和研究两个方面，服务产出并未纳入高等教育产出的计算中，理由是，服务产出虽然是高等教育产出的一部分，但是难以找到可信度高的指标对它进行计量。对教师的教学产出，用每学年学生课堂时数表征，主要分为四类，本科 1 组（课堂教学时数较低）、本科 2 组（课堂教学时数较高）、研究生 1 组（硕士生）和研究生 2 组（博士生）；对于研究产出，鉴于作者研究数据获取的局限性，不用通常所用的论文发表、专利获取、技术创新发明等来表征，而是用该学年度研究的花费来表征。对于产出的质量，作者采用了两种测量方法：一种方法是测量教师的质量，用学术发表和同行评价期刊发表来评价；另一种方法是测量学校对教师质量规划的有效性，如教师数量的达标、院系课程、教学和研究设施、毕业生质量、毕业生成就和其他可以表示教师质量规划有效的因素等。基于经济学界对高等教育产出能力的探讨和高等教育传统的三大职能，大学教师产出的计量有一系列可量化的表征指标。如艾米丽·浩夫曼认为大学教师的产出包括学术产出、教学产出、管理和服务的产出等。大学教师的学术产出可以通过发表的数量和质量来测量，而不只是数量；理论上来说，教学产出同样要测量其数量和质量，教学产出的数量可以通过在学生身上花费的小时数来测量，教学产出的质量可以用教学效果来测量；但是，事实上并没有合适的方式来测量教学产出的数量和质量。同样的，管理和服务产出的测量也应该包括数量和质量，但是并没有科学的测量管理和服务质量的方法。通常地，尽管发表的数量仅是教师产出的一部分，但它便于获取，是用于教师产出测量的常用指标。在其对大学教师生产力测量的研究中，他尝试用发表数量来测量学术发表质量，并以此测量学术生产力。他将大学教师学术发表分为三类，第一类是书籍，第二类是高水平论文，第三类是其他学术发表，以这三类发表作为测量学术生产力的因变量。① 对大学教师研究产出的研究论文中，大多以大学教师的论文发表作为衡量其研

① Emily P. Hoffman, "Measurement of Faculty Productivity", *Atlantic Economic Journal*, July 1978, Volume 6, p. 2.

究产出的指标，研究产出的计量以论文的引用率为衡量标准。①

社会学领域对高校教师学术发表评价的研究以席尔多等的著作《学术市场化》为代表。在这本书中，作者就从"发表或灭亡"、"职业生涯曲线"和"标签与标识"等三方面阐述了如何评估高校教师学术发表这一问题。作者认为，大学教授的工作任务是教学，这也是其工作薪酬的来源，但是当他们晋升或是竞选某一职位时，主要的评价依据是他们在学科中的研究贡献，评估基于能够证明其研究活动的学术发表、著作或学术论文，这一现象在美国大多数高校都普遍存在。② 帕芮思利用访谈和文献研究的方法对本科生教学问题作了论证，他从组织、职业、学校和大学教师服务对象等方面对大学中的教学问题作了综合分析，他论证的结果是大学教师关注最多的是其产出：研究产出的分量远高于教学，不同学科的产出是不同的，教学工作量很难保证，教师个人行为中并不能把学术和教学放在同等重要的位置。③

教育学领域对大学教师的研究主要集中在大学教师评价和大学教师生产力等方面。对大学教师评价的争论非常多，本书主要关注与大学教师评价内容相关的问题。研究者对大学教师评价的内容的关注经历了一个从狭隘到广泛再到逐步深入的过程。起初，许多研究者对大学教师评价的内容仅限于科研评价方面，评价主要基于"不发表即灭亡"的学

①　相关论文有：VL. Simeon, et al, "Multivariate Statistical Analysis of The Bibliographic Output From A Research Institution, In Relation to The Measures of Scientific Policy", *Scientometrics*, Vol. 9, Nos 5 – 6 (1986), pp. 223 – 230; Fiorenzo Franceschini et al, "Analysis of the ch-index: an indicator to evaluate the diffusion of scientific research output by citers", *Scientometrics*, 10 February, 2010; Augel Borrego et al, "Scientific Output and Impact of Postdoctoral Scientist: a Gender Perspective", *Scientometrics*, 2010, pp. 93 – 101; Audrey Baneyx, "'Publish or Perish' as citation Metrics Used to Analyze Scientific Ourput in Humanities: International Case Studies in Economics, Geography, Social Science, Philosophy, and History", *Varia-Scientometrics*, 2008 (56), pp. 363 – 371; Jorge Brusa et al, "Academic Content, Research Productivity, and Tenure". *J Econ Finan*, 2010, pp. 46 – 60; Rebecca Long et al, "Determinants of Faculty Research Productivity in Information Systems: An Empirical Analysis of the Impact of Academic Origin and Academic Affiliation", *Scientometrics*, Vol. 78, No. 2, 2009, pp. 231 – 260.

②　Theodore Caplow, Reece J. Mc Gee, *The Academic Marketplace*, Transaction Publishers, New Brunswick, New Jersey, 2001, pp. 81 – 93.

③　John D. Jennings, *Faculty Productivity: A Contemporary Analysis of Faculty Perspectives*, Stanford University, 1997, pp. 45 – 48.

术领域生存规则，更多地把大学教师评价等同于学术发表的评价，对于学科差异的关注更少。劳伦斯的研究进一步拓宽了教师评价领域，他认为在大学教师的评价中，学科差异非常重要，且学科差异可能影响到教师评价政策。他通过对美国 Kansas 州立大学的经济、心理和人文社科三大学科的研究，发现不同的学科领域具有不同的教师绩效评价标准，尽管院系之间的绩效评价标准存在一定的差异，但是所有教师都认为教学应该成为绩效评价的重要因素。他的研究指出，教学和研究之间的关系非常复杂，当涉及时间分配时，二者之间的权衡非常重要：将更多时间投入到教学中通常对研究产出结果非常不利，将更多时间投入到研究之中的通常是高成就的研究者，因为他们的兴趣在于科研，并且学校的奖酬通常是基于研究的。因此，劳伦斯认为，管理者可以通过政策引导教师将时间花费于教学或者科研，若管理者希望教师将教学和科研放在同等重要的位置，那就必须在评价系统中改变与教师教学和科研时间分配的相关政策，并对教学提供奖酬措施。目前，更多的教师评价研究认为，基于大学教师工作职能或者高等教育的职责，对大学教师的评价包括教学、科研、服务和管理等四个方面。[①] 这与大学教师生产力评价维度基本一致，对大学教师生产力的划分分为三个方面：教学、研究和服务。因此，大学教师生产力的评价维度分别是教学生产力、研究生产力和服务生产力等三个方面；同样地，大学教师的产出也分为教学产出、研究产出和服务产出。对于研究生产力或研究产出来说，大学教师的发表非常重要，因为发表反映了知识创新能力，并且容易被获取和测量，是测量研究产出的主要指标；同时，研究产出也是大学教师聘任决策的重要判断依据。大学教师的发表包括期刊论文、出版著作、教材、专著、书中的章节著作等。对发表的评价不仅在于数量，还要兼顾质量，对于质量的测量可以通过引用率的多少来判断，引用率的多少是判断学者发表是否有实用价值或是否有影响力的有力依据；同时，由于同行评议期刊是同行内部的认可和评价机构，其评价的可信度和权威性使得同行评议期刊论文可以被用来判断大学教师在知识创新方面的生产力、重

---

① Laurence Siegel, "A Data-Based Scheme For Evaluating Faculty Performance", *Research in Higher Education*, Volume 8, 1978, pp. 255 – 271.

要性、优质性、有用性、影响力等，因此同行评议期刊上的发表是大学教师学术水平的主要判断依据；也有部分学者的研究中，考虑到论文发表信息的可获得性，将学术期刊发表也即是能够从网上获取的论文发表作为评价研究产出的衡量标准，依据期刊等级将期刊分层，按照教师在各不同等级期刊中发表论文的数量和质量评价教师的研究产出质量[1]；另外，对于评价研究产出或生产力的期限问题，有研究者指出，对于教师发表生产力的测量，采用教师两年或者三年发表的平均值才能更客观地反映教师发表方面的成就[2]。对于教学产出的评价，是一个复杂的问题，尤其是对教学质量的评价，就显得更加困难。通常情况下，对教学产出的评价通过课堂教学来测量；对课堂教学产出的数量上的评价主要通过每学期的教学时数、上课学生数等。对课堂教学产出质量方面的评价主要通过学生对教师教学的评价[3]；也有学者将教学产出分为研究生教学产出和本科生教学产出，将教学产出的类别分为学校规定的课堂教学时数、每周花在教学方面的教学时数和与学生沟通花费的小时数等三类计量教师的教学产出。[4] 对于服务产出的评价，通常以教师参与学校和公共活动为依据，有的学者用教师花费在服务活动方面的时间长短来计量服务产出，如凯特温等人在《美国研究型大学教师生产力：国际背景与本土教师的比较》的研究中，将大学教师的服务生产力用本机构内无偿服务小时数、本机构外无偿服务小时数和在管理委员会的工作小时数来表征。[5]

与高校教师学术发表评价相关研究的另一方面是对高校教师工作绩

---

① Thomas C. Noser, Herman Manakyan, and John R. Tanner, "Research Productivity and Perceived Teaching Effectiveness: A Survey of Economics Faculty", *Research in Higher Education*, Vol. 37, No. 3, 1996, pp. 229 – 321.

② Xin Yu, "Chinese faculty in the employment transition: A case study of Zhejiang University", *Boston University School of Education*, 2008, pp. 36 – 38.

③ Maria W. Provost, "A Study of Four Public Higher Education Institutions in Florida: The Relationships Between Faculty and Administrator Goal Congruence, Faculty Productivity and Job Satisfaction", *Florida Atlantic University*, 2005, pp. 11 – 44.

④ Keteven Manvniseishvili, Vicki J. Rosser, "International and Citizen Faculty in the United States: An Examination of their Productivity at Research Universities", *Research in Higher Education*, 2010, pp. 88 – 107.

⑤ Ibid..

效的评价，对教师进行绩效评估的目的主要有两个：一是为了促进大学教师的发展和提高；二是为教师聘任提供决策依据，如终身职教师的评选、职务晋升和薪酬增加等。我国对高校教师职业成就的相关研究主要集中在评价指标的选取上，如徐谩、王永康的研究中将教师的工作绩效分为思想政治、教学质量、科研成果、论著、外语水平和工作量等 6 个指标来表征。[①] 吴湘萍等的研究中，教师工作绩效由教学质量、科研成绩、学科整体业绩、学术氛围等组成。[②] 谢惠盈在其研究论文《高校女教师低职业成就的文化原因探析》中虽然没有非常明确地界定职业成就的评价要素，但是其在文中提道了"选取八类人员中的男女教师比例，作为评价高校教师群体内男女教师专业成就高低的主要指标"。并且她指出这八类人员分别是：正高职称的教师、博士以上学历的教师、研究生导师、获校级以上"教学名师"称号的教师、省级"精品课程"负责人、校级学术委员、学校正处级以上领导（含教学单位正主任、正书记）、国家级课题的主持人。[③] 曹爱华、王处辉通过开放式访谈的方法，对研究型大学教师职业成就的评价指标进行了梳理和概括，他们提出职业成就由 9 个客观指标和 3 个主观指标组成，然后通过问卷调查，对这 12 个指标进行统计分析，最终确定大学教师职业成就的评价指标为四个客观指标和一个主观指标，分别是：学术同行认可度、职称、学生认可度、收入水平、职业满意度。[④]

　　综上所述，高校教师学术发表的测度和评价是一个复杂的问题，不同的学者有不同的测量方法和评价手段，但是绝大多数学者对高校教师学术发表、大学教师产出或生产力、科研产出的测量和评价都以大学教

---

① 徐谩、王永康：《高校教师工作绩效的模糊评估方法探讨》，《电子科技大学学报》1991 年第 6 期。

② 吴湘萍、徐福缘、周勇：《高校教师工作绩效的影响因素分析》，《华东师范大学学报》（教育科学版）2006 年第 1 期。

③ 谢慧盈：《高校女教师低职业成就的文化原因探悉》，《海南师范大学学报》（社会科学版）2008 年第 3 期。

④ 曹爱华、王处辉：《研究型大学教师的职业成就评价指标探析》，《高等教育研究》2008 年第 11 期。9 个客观指标是：学术水平、学术同行认可度、行政权力、学术权力、职称、工作自主性程度、培养出被社会认可的优秀学生、学生认可度、社会认可度；3 个主观指标：职业满意度、自我认同度、工作与家庭的关系。

师的科研和学术发表、学术著作等作为衡量大学教师工作劳动成果的重要指标，这为本书设定高校教师学术发表表征指标提供了可供借鉴的操作方法和理论依据。

（三）有关高校教师学术发表的影响因素研究

从宏观层面来说，高校教师学术发表是一个国家高等教育产出数量与质量、学术竞争力强弱的综合体现。从微观层面说，高校教师学术发表是衡量大学教师学术声望和学术影响力的重要因素，探讨高校教师学术发表的成因，深入分析高校教师学术发表的影响因素，对于提高大学教师的学术水平和学术竞争力具有重要意义。从本书查找到的文献资料看，对高校教师学术发表影响因素的相关研究内容散见于关于学术职业、大学教师生产力、学术生产力和大学教师研究产出影响因素等的研究之中。

对高校教师学术发表影响因素的研究，从社会学角度进行研究的文献较多，社会学意义上的研究通常不是一般意义上的对高校教师学术发表的简单描述，而是分析形成高校教师学术发表的基本影响因素，如从影响高校教师学术发表的背景因素入手，分析教师的工作态度、工作理念以及大学教师的角色定位等，以试图揭示高校教师学术发表（教学、科研和服务等）对教师的重要意义。这类研究的代表之作是马丁·芬克斯坦的著作《美国学术职业》。在这本书中，芬克斯坦详细描述了二战以来美国学术职业的情况，对大学教师的个性特征，包括高研究产出的大学教师的个性特征、不同教学工作量的教师特征和不同机构下不同学术工作者的个性特征等进行了详尽的阐述和分析。他认为，学术职业的入职时期，突出的成就（如学术论文发表的高质量、高引用率等）是非常重要的标准；同时，博士毕业院校的声望、博士指导导师的声望以及家庭背景因素等对学术职业的入职来说也非常重要，并且在接下来的职业生涯中，学术发表和博士毕业院校的声望、博士指导导师的声望以及家庭背景因素等则共同作用于学术生涯的发展，对高校教师的学术发表产生影响。

部分学者对学术工作的影响因素作了更加宽泛的研究，如席尔多等的著作《学术市场化》一书中，首先从"发表或灭亡"的角度论述了学术发表对高校教师学术发表的重要影响；其次，作者从学术职业生涯发展曲线的角度论证了年龄、职业流动对研究产出的影响；另外，作者还从学科的角度，论述了不同学科领域学术人的不同特征，以及不同学科领域对高校教师学术发表评价的不同。除此之外，查尔斯·贝西从个人和机构组织的角度对大学教师研究产出进行了研究，他把影响教师产出的因素定为个人因素和机构因素两大类，其中，个人因素指年龄、性别、种族以及种族地位、专业技术职务、学科、获取最高学位的年限、是否终身职等；机构因素指高校类型、高校的地理位置、是否是大学联合会的一员、是否为传统的黑人学院或大学（Historically Black Colleges and Universities）等。他的研究发现是，当不考虑其他机构因素时，传统黑人学院或学校教师的研究产出高于非传统黑人学院（大学），当将卡耐基分类中的其他机构因素如学校规模、教学水平等计入时，传统黑人学院（大学）与其他大学或学院差别并不显著，性别对研究产出的影响并不显著，女教师的研究产出与年龄显著相关，男教师的研究产出与年龄并无显著关系，教师职称、学科、研究基金来源和大学教师的国籍（国内或国外）对大学教师的研究产出具有显著影响，另外，将时间更多地投入到教学之中将会降低研究产出结果。[①]丹尼尔从国际比较的视角分析了影响大学教师科研发表产出的相关因素，他将影响大学教师科研发表产出的相关因素分为个人特性、个人成就和机构特征三大类，其中，个人特性包括年龄和性别；个人成就包括研究生教育质量、在目前所在机构工作年限、在高等教育机构工作年限、专业技术职务、是否终身职、学术工作兼职、非学术工作兼职（国内协会、国际协会、国内联合会、国际联合会）、参加国际上的专业化活动、有研究基金、每周从事研究时间、研究项目合作等；机构特征包括研究压力、每周教学活动时间、每周管理活动时间、感觉到外部的奖励、薪酬、感觉到研究活动受到支持、学生质量、机构强调研究、学校接收留学生情况、对研究的合理评价等。他的研究发现是，各国大学教师的研究产出的影响

---

① Charles L. Betsey, "Faculty Research Productivity: Institutional and Personal Determinants of Faculty Publications", *The Review of Black Political Economy*, Volume 34, numbers 1 – 2, June 2007, pp. 53 – 85.

因素不尽相同。① 古思特沃的博士学位论文中从个人和职业背景方面论述了影响美国私立中小型博士授予大学教师研究产出的个人和环境因素，他将个人因素分为三类：年龄、性别和种族；职业背景包括所属部门类型（人文艺术科学、应用科学和社会科学）、专业、在当前大学工作年限、聘任方式、所处管理职位、专业技术职务和教学层次等七个方面；其研究发现包括定量研究中的发现和定性研究中的发现，定量研究中的发现是：（1）高研究产出大学教师的特征是年龄在41—50岁、来自自然科学院系、在大学里工作6至15年时间、终身职、具有一定的管理职务、职称为教授、从事本科和研究生层次的教学等；（2）论文发表产出主要受到教师本人的自我认知能力和学术行为等两方面的影响；（3）专业论文产出主要受到教授论文产出的需求、研究责任的自我认知和学术研究活动等三方面的影响。除了和定量研究结果中的共同之处外，定性研究中的发现是：大学教师的研究产出受到职业发展、研究期望、与其他大学或院系机构等研究协作、教师是否有经验丰富的教授的指导等四个方面的影响，另外，环境条件如教师在院系或大学之间的流动、更多的时间和资源提高研究产出、同行之间的协作、良好的生源和促使研究项目推进的充足的研究基金等也是研究产出的重要影响因素。② 帕尔在研究临床药学教师的学术绩效与工作环境关系时，提出了自己的学术绩效模型，他把工作环境定义为内生变量，主要包括系的影响和学院的影响两大部分，系的影响主要指：研究支持/期望、研究时间、部门领导支持（信息支持、管理支持、组织支持、顾问指导、专业会议支持、学术自由）；学院影响主要指：学院研究期望、资源支持（财政拨款、人力支持、物质支持、研究场所、研究协作）、学院薪酬、学院设置等。另外，作者还定义了外生变量，如个性特征（性别、年龄、学位获得年限）、累积优势（学位类型、承担研究项目情况、接受培训期限、研究时间等）、累积优势的强化因素（终身职身份等）；外

---

①　Daniel Teodorescu, "Correlates of faculty publication productivity: A cross-national analysis", *Higher Education*, 2000, pp. 210 – 222.

②　Gustavo Gregorutti, "A Mixed-Method Study of the Environmental and Personal Factors That Influence Faculty Research Productivity at Small-Medium, Private, Doctorate-Granting Universities", *Andrews University School of Education*, March 2008, pp. 148 – 150.

生变量作用于内生变量，且内生变量之间也具有相互作用，之后内生变量和外生变量一起作用于学术绩效。作者的研究发现是，外生变量中的累积优势的强化因素与学术绩效的关系显著相关，而个性特征和累积优势的作用不太明显，内生变量中研究时间对学术绩效的作用非常显著，研究经验和培训对学术绩效的影响并不显著。[1]

　　高校教师学术发表的取得是由多方面原因造成的。我国学者对高校教师学术发表影响因素的研究主要集中在大学教师生产力、大学教师研究产出、大学教师的职业成就、职业成功和高校教师工作绩效影响因素研究等五个方面。谢慧盈从文化的角度对高校女教师低职业成就的原因进行分析，她认为，从文化的角度来说，高校女教师低职业成就的主要原因有四个方面：女教师自身的进取意识不强、以往教育基础深刻的负面影响、社会文化环境对女教师的规逼作用、女教师害怕成功的心理取向。[2] 王忠军、龙立荣在对职业成功的研究中，认为社会资本对职业成功具有重要的作用。其中，网络差异是决定员工社会资源最重要的因素，并经由职业支持的中介作用，最终影响员工的职业成功；但不同社会关系的作用存在差异，相对于亲属关系，来自朋友关系和相识关系的职业支持，对提升员工在组织内、外的职业竞争力和职业满意度的作用更大。[3] 在吴湘萍等人对"高校教师工作绩效的影响因素分析"这一研究中，工作绩效由教学质量、科研成绩、学科整体成绩、学术氛围等组成，其研究发现是：工作环境、组织承诺及人力资源管理水平是影响大学教师工作绩效的主要因素。[4] 陈晶瑛的研究称，薪酬满意度对大学教师工作绩效具有积极的正向作用。[5] 纪晓丽、陈逢文的研究称：工作压

　　[1]　Paul W. Jungnickel and John W. Creswell, "Workplace Correlates and Scholarly Performance of Clinical Pharmacy Faculty", *Research in Higher Education*, Vol. 35, No. 2, 1994, pp. 167 – 194.

　　[2]　谢慧盈：《高校女教师低职业成就的文化原因探悉》，《海南师范大学学报》（社会科学版）2008 年第 3 期。

　　[3]　王忠军、龙立荣：《员工的职业成功：社会资本的影响机制和解释效力》，《管理评论》2008 年第 8 期。

　　[4]　吴湘萍、徐福缘、周勇：《高校教师工作绩效的影响因素分析》，《华东师范大学学报》（教育科学版）2006 年第 1 期。

　　[5]　陈晶瑛：《高校教师薪酬满意度对工作绩效和积极性的影响》，《中国人力资源开发》2009 年第 8 期。

力已成为影响高校绩效的重要因素。他们通过运用结构方程模型实证分析表明，外源工作压力对高校教师工作绩效有显著的负向影响，而内源压力对高校教师工作绩效有显著的正向影响。① 李晓轩等人通过对 26 个研究所的问卷调查进行数据统计分析，发现工作满意度对科研绩效具有显著影响。② 奥斯汀和噶穆森的研究认为，压力对工作环境具有副作用，进而导致对大学教师产出产生不利影响。③

综上所述，国内外学者从不同角度对大学教师产出或学术、科研产出的影响因素进行了定量或定性的分析，国外学者对大学教师产出影响因素的研究比较系统和深入，从多维度探讨影响大学教师产出的原因，在研究方法上以定量研究为主，定量和定性研究相结合的方法也比较普遍；我国学者对大学教师工作产出或科研产出的影响因素研究，大多从某一角度进行探讨，目前鲜有研究对大学教师工作产出或工作成就的影响因素进行全面、系统的考察。

（四）文献简要评析

以上对高校教师学术发表影响因素的相关研究进行了简单梳理。西方学者对高校教师学术发表的相关研究大多集中在 20 世纪 40 年代以后，也即西方高等教育大众化及以后的阶段。国内学者的研究，大多集中在 20 世纪 90 年代以后，即我国高等教育大众化阶段以后。这表明，高等教育大众化给大学教师学术事业发展带来了前所未有的影响，这其中，尤其是高等教育拨款和财政模式、知识生产方式等的变化，使高等教育的质量备受关注，也引发了学者和社会对大学教师产出的研究和探讨，这种对高校教师产出质量的探讨，更是与高校教师的成就密不可分。

从西方学者对影响高校教师学术发表因素的相关研究文献来看，国

---

① 纪晓丽、陈逢文：《工作压力对高校教师工作绩效的作用机制研究》，《统计与决策》2009 年第 16 期。

② 李晓轩、李超平、时勘：《科研组织工作满意度及其与工作绩效的关系研究》，《科学学与科学技术管理》2005 年第 1 期。

③ John D. Jennings, " Faculty Productivity: A Contemporary Analysis of Faculty Perspectives", *Stanford University*, December 1997, pp. 46 – 47.

外学者尤其是西方发达国家的学者对大学教师的成就、产出成果、生产力等的影响因素进行了理论和实证的研究，研究文献较为丰富。从已有的研究文献中可以看出西方研究文献具有如下几方面的特点：（1）西方国家比较重视大学教师职业成就的相关研究，如大量的研究集中在与事关高校教师学术发表的学术生产力、科研产出、工作产出、工作成就等方面的研究，如何提高大学教师的高校教师学术发表（如何提高高校教师学术生产力、提高大学教师工作产出质量和数量等），成为高等教育研究领域中研究的热点问题之一；（2）影响大学教师生产力或产出成果的因素分析中，基于个人和机构为单位进行研究的文献居多，基于个人因素的探讨主要集中于高校教师的人口统计学特质、已有职业地位或职业成就的积累（工作年限、职称、获得现有职称年限等），以机构为单位的研究主要集中在某一所高校、某一类型、某一区域或某一规模的高校中，教师的职业成就及影响因素以及如何管理和评价，这种探讨主要基于中观层面即某机构或某类机构的学术或科研产出管理与评价制度的角度展开；（3）从研究方法上来看，西方学者的研究普遍重视实地调研和量化研究方法的应用，研究多以某一院校，或者某一区域，某一类型高校为单位，基于全国性的基础上的调查研究文献虽然也有，但也比较少。

国内研究者对大学教师学术发表的研究起步相对较晚，专门针对大学教师学术生产力或科研产出影响因素的实证研究较少，已有的文献从不同学科专业领域对大学教师职业成就或工作成就、工作绩效的影响因素作了初步研究，部分研究建立在问卷调查的基础上，然而这些研究点比较分散，研究并没有形成一个体系，而基于全国范围的大面的实证调查基础上的大学教师学术发表影响因素的研究，几乎没有，系统探讨高校教师学术发表影响因素的实证研究更加稀少。

通过以上对国内外文献的回顾，本书认为对高校教师学术发表影响因素的研究可以在以下几个方面进行努力：（1）将高校教师学术发表的相关理论研究提高到一定的深度，并加强实证和调查研究，为理论研究提供现实依据，并在一定程度上推动理论研究的发展；（2）基于我国大学教师的工作特点，运用实证和调查研究，系统而深入地分析影响我国高校教师学术发表的诸因素，为提高我国学术生产力水平、促进我国学术发展、增强我国学术竞争力提供实证依据；（3）基于实证和调查研究，尝试构建影响我国高校教师学术发表诸因素的关系模型，探讨影响我国高校教师学术发表的基础因素与核心因素、内在因素和外在因素等，为提高我国高层次人才资源质量和学术质量与数量作出一定贡献。

　　因此，为了弥补我国这方面实证研究的不足，本书基于问卷调查，探讨高校教师学术发表与大学教师的个人和家庭、工作和组织、政策和制度等的相关关系，用实证研究方法探讨高校教师学术发表的影响因素，并尝试构建高校教师学术发表影响因素间的关系模型。

四　研究思路与方法

（一）研究思路

本书的研究对象是以学术为业的大学教师群体，主要探讨大学教师

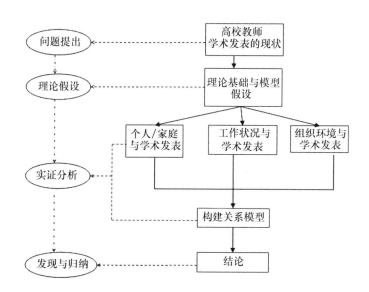

图1—1　本书研究思路

学术发表的表征指标、影响因素，以及各影响因素指标对高校教师学术发表的贡献程度。主要研究思路为：从我国高校教师学术发表现状出发，从宏观层面上探讨目前我国高校教师学术发表的现状，并基于我国高校教师学术发表的现状提出我国高校教师学术发表存在的问题，之后，基于组织行为学中的组织行为认知和组织行为动力理论提出本书的模型设计和研究假设，接着，基于"变革中的学术职业—中国大陆"的问卷调查数据，用实证的分析方法探究个人与家庭、组织及工作、体制和政策等各影响因素对高校教师学术发表的影响，并通过综合分析，探讨各因素对高校教师学术发表的影响程度，建立高校教师学术发表影响因素的预测模型。最后，针对高校教师学术发表影响因素模型，对促进高校教师学术事业发展、提高我国大学教师学术竞争力提出针对性建议。

（二）研究方法

本书主要采用量化研究方法开展研究，具体来说是采用定量资料，通过问卷调查并进行统计分析的方法解释某一社会事实，发现高校教师学术发表影响因素以及诸影响因素之间的关系和规律。在具体的研究方法上，主要采用文献法和调查研究法。下面对本书采用的具体方法作些说明。

1. 文献分析法

主要基于研究问题的需要出发，通过搜集、鉴别、整理现有的相关文献，并对文献资料进行分析和加工，为后续研究提供可参考的历史依据，有利于本书展开更深入的研究。本书充分搜集了前人对高校教师学术发表及影响因素研究的理论和实践，厘清了前人对高校教师学术发表影响因素研究中的优点和不足，为本书深入开展对高校教师学术发表影响因素研究并构建诸影响因素关系模型奠定了基础。

2. 调查研究法

调查研究法是本书的主要研究方法，包括定量的问卷调查和定性的访谈，并对调查结果进行数理统计与分析。本书的问卷调查基于沈红教授牵头的课题"变革中的学术职业——中国大陆"的调查，笔者主要参与了调查问卷回收之后的数据统计分析和数据国际化等工作。从问卷的内容来看，该调查中的内容有几部分与本书直接相关：第一是近三年内大学教师的学术成果和出版信息，学术影响力信息；第二是大学教师的工作信息：大学教师所在学科领域、职称、工作量、工作条件、工作满意度、职业满意度、发表的压力；第三是组织环境因素：院校的资源配置、学校的教学、科研决策、管理政策、机构类型、学术自由等政策和体制信息；第四是大学教师的基本信息如性别、年龄、最高学历、家庭背景如父母受教育程度等。

3. 数据统计与分析方法

首先，在前人的研究文献和理论探讨基础上，构建高校教师学术发表影响因素的基本书框架。其次，在各种统计数据、计量指标和访谈资料分析的基础上，借助基本表述统计方法如交叉列连分析、卡方检验、独立样本 T 检验、方差分析等方法对自变量和因变量之间的相互关系分别独立作出初步分析与判断。接着借助多元线性回归分析方法对自变量个人与家庭背景、工作状况与组织环境因素和因变量之间的直接"净作用"分别独立进行分析。最后，根据理论架构建立自变量与自变量间的层次关系，将多元线性回归分析结果中通过显著性检验的自变量纳入分层线性模型，对影响高校教师学术发表的自变量的层次效应进行深入分析。本书使用 SPSS15.0、HLM（Hierarchical Linear Models）6.08 等软件作为数据统计分析工具。

第二章　理论基础与研究设计

将大学作为一种组织来研究并不少见，视大学为组织中的一种也是学者们近年来研究的一项成果。因此，本章首先从组织行为理论的角度对高校教师学术发表、学术产出结果的影响因素进行理论探讨，并据此提出影响高校教师学术发表的因素及诸因素之间关系的研究假设。

一　影响高校教师学术发表的因素：基于组织行为理论的阐释

学术发表是高校教师通过工作付出所产生结果的一种价值体现。导致产出和结果的直接原因是工作行为。同时，导致行为发生的诱因又是复杂多样的，本书拟从组织行为理论的角度构建本书的理论分析视角。

组织行为理论源于古典管理理论，古典管理理论从经济学的研究范式对个体行为进行研究，集中解决组织中人与机器和人与事的配合，表现出了对效率、效用的偏重；他们从组织内部的结构性入手，强调组织的科学性、精密性、纪律性，为人们描绘出了具有高度结构性、正式的、非人格化特点的组织结构。古典管理理论试图为组织提供具有普遍意义的管理思想和科学方法，这也就不难理解法约尔对工业企业研究的管理理论之所以被推认为是一般管理理论的原因了。心理学研究领域的成果不断丰富了组织行为理论，在广度和深度上进一步推动了组织行为理论的发展。当研究者开始运用心理学的成果来解释和解决组织领域的管理问题时，人的因素被纳入研究者的视野中，研究者开始重视人的因素，重视对人的主观能动性的调节，开始了解、解释工作者的心理活动和行为，并借以预见工作者的行为倾向。早期的组织行为科学由此产生，人文主义的管理思想也由此兴起。组织行为科学在对个体行为研究的基础上，着重探讨组织中人的相互关系及其作用，同时通过对领导行为、组织设计、组织变革的研究来达到组织行为的合理化。组织行为科学的理论根本转变了组织管理行为的方式，组织行为的重点由对事和物的管理转向对人的管理，同时管理方法由监督管理转变为人性化管理。[1]

通过对组织行为研究的回顾，我们不难发现组织行为研究的思维始终围绕着工作和工作者两个维度。或者说，工作和工作者（人）之间的关系是组织行为要解决的一对基本矛盾。组织管理是以工作为中心还是以人为中心，围绕这对矛盾，科学理性主义和人文主义两条主线贯穿在管理理论的百年发展历史之中。科学理性主义是推动管理理论发展演变的主要力量，但科学理性主义片面强调科学理性、效率效用，甚至把它们看成是唯一的逻辑，致使许多管理技术无法在管理实践中得到有效的应用。人文主义的管理思想弥补了科学理性主义对人的因素的忽略，但早期的行为科学矫枉过正，偏重强调人的因素而忽视了同工作的结合。当代组织行为研究试图在以工作为中心和以人为中心两者之间取得尽可能的平衡，着眼于在充分调动工作者的工作积极性、自主性和创造性的基础上，在追求人的全面发展的同时关注由此而带来的组织效益的最大化。

本书基于当代组织行为理论，从充分调动大学教师工作积极性、自主性和创造性的角度出发，在注重、关注大学教师全面发展、学术发展的同时，关注由此带来的大学组织的发展。

（一）个人特征

那么影响工作行为的主要因素是什么呢？影响工作行为的因素可以大致分为两类：外在因素与内在因素。外在因素主要指情境因素，包括工作环境和条件等。内在因素主要指个人因素，包括生理因素、心理因素和文化因素等。一般来说，外因通过内因而起作用并影响和制约行

---

[1] 杨加陆、袁蔚等：《管理学教程》，转引自杨家骝《组织行为面临的挑战及组织行为研究趋势》，《上海大学学报》（社会科学版）2010 年第 4 期。

为。但在某些情况下，人的行为也受环境的影响，如"近朱者赤，近墨者黑"。

组织行为理论的个人主义认为，个人行为具有一定的规律性，并且存在一定的差异性。对个人行为的规律性有以下几种理论解释。以华生为代表的行为主义理论主张将"刺激—反应"作为行为的解释原则，认为行为受客观刺激的影响，一定的刺激必然引起一定的反应。他在全面阐述他的学说时叙述道：我们在心理学中就像在生理学中一样使用刺激这个术语，不过在心理学中，我们必须把这个术语的用途扩大。在心理学实验室中，如果我们处理的是相对简单的因素，比如，处理不同波长的声波的效应、以太波效应等，并且设法区分出这些效应对人类适应所产生的影响，我们就称它为刺激。与此同时，如果导致一些反应的因素较为复杂，例如社会环境中的因素，我们就称它为情境，基于最终的分析，情境当然可以分解为一组复杂的刺激。同样，在心理学中使用生理术语"反应"，我们对它的用途也要稍加扩大。轻轻敲击膝关节或者抚摩脚掌引起的运动，既是生理学也是医学加以研究的简单反应。在心理学中，我们同时研究这些类型的简单反应，但是更多的是，研究几个同时发生的复杂反应。华生强调，行为主义感兴趣的主要是整个人的行为。他会从早到晚观察一个人如何从事他的日常工作。如果是砌砖，行为主义者会测量这个人在不同条件下砌砖的数目，他可以连续工作多久而不疲劳，他学会这种手艺需要多长时间，以及能否提高他的工作效率，或者使他在较短时间内完成同样数量的工作。换句话说，行为主义者感兴趣的是对于"他在做什么"和"他为什么这样做"这类问题的一般常识性解释。华生的行为主义理论观点对于研究行为产生的原因，研究如何改变和调节人的行为，提高其工作效率具有重要意义。但是华生的行为主义理论并没有全面说明人的行为的全过程，把人看作对外界刺激作出反应的没有思想的机器人，遭到了后来学者的批评。

托尔曼、斯金纳、赫尔、勒温等人对华生的行为主义理论进行了拓展，他们指出，人的行为模式为"刺激—心理加工—行为"，如果把人脑看成一个加工系统，输入的是刺激，输出的是行为。托尔曼在借鉴华生行为主义理论的基础上，提出了"目的性的行为主义"的观点，他认为在刺激和反应之间有认识、期望、目的等中间变量，某些"内涵的"目的如认知是任何行为固有的，这些变量是客观的，起着决定行为的作用，是导致行为的最直接的原因。斯金纳认为，强化行为、改变行为的主要动力是有机体"操作"环境的结果。赫尔认为一种具有适应性但却是自动习得的反应是对那些从外部特点看来与原先形成习惯的情景毫无共同之处的情境而发的。群体动力理论的创始人、德国心理学家勒温认为人的心理活动是现实空间内的心理力场和外在的心理力场相互作用影响的结果。因此，要测定人的心理和行为，就必须了解完成这一行为的内在心理力场和外在心理力场的情境因素。勒温把人的行为看作是个体特征和环境特征的函数：$B = f(P \cdot E)$ 其中，B 为行为，P 为个体特征，E 为环境特征。勒温指出，个体特征和环境特征不是孤立的两个因素，而是密切相关、相互作用的。因个人情绪的好坏对同一环境会产生不同的感觉；不同环境又会影响个人情绪的变化，从而产生不同的行为。他认为在解释某一行为时，不同时研究环境因素和个体是没有意义的。

在研究个体行为的心理因素方面，美国肯塔基大学教授华莱士提出了个体行为与绩效模式。该模式把知觉、学习、个性、能力和动机作为环境刺激转化为外显行为和绩效的主要中介因素。了解这些因素的特点，有利于管理者引导和影响员工的行为。任何具体的行为或行为能够产生绩效，要依赖组织对个人的期望或要求。组织中的两个成员也许以一种几乎相同的方式行动，但如果他们的工作要求有不同类型的行为，那么一个人的行为可能有效，另一个可能无效。只有在有明确的标准，并了解组织的期望与要求时，我们才能评价一个人的行为能否产生有效的个体绩效。从组织及其管理者的角度来说，必须鼓励个体成员从事能给组织带来效益的行为，因此，组织管理者必须了解影响个体行为的因素。

对个体行为进行解释的主要理论有两大流派：一是需求层次理论，另一个是动机理论。组织行为学认为人的行为是受动机支配的，动机是有需要引起的。行为的导向是寻求目标，满足需要。动机和需要是紧密相连的，动机来源于需要，一般来说，长久的动机多产生于高级需要，由于低级需要的满足程度是有限的，而且又往往都是比较直观的和具体的，是必需的和非弹性的，由此而产生的动机是比较强烈的，而这种需要比较容易满足，一旦得到满足，因此而产生的动机就会消失，这时这种比较低级的需要就不足以成为激励行为的动机。高级需要的满足程度是无限制的，具有长久性和长远性。并且随着时代的发展和变化，组织中的人的个性也在发生变化。首先，组织中人的变化表现在工作价值观的多元化。工作价值观的多元化不仅仅表现在工作价值观的人口学特征上，而且不同职位、学历、年龄和性别的工作者的内在工作价值和外在工作价值越来越趋于差异化，同时其社会学特征也日趋明显。不同地域、不同文化背景、不同组织领域的工作者的择业标准、对工作的直接结果和间接结果的判断标准也全然不同。21世纪被普遍认为是知识经济的时代，与知识经济相适应，知识员工正在崛起，知识员工具有较高的创造性、流动性，成就动机和所从事的工作任务具有一定复杂性的特点[①]，因而其个性和行为表现出了不同于传统组织环境下的特征，知识员工对组织的依赖性降低，他们更看重工作的自主性而轻视来自组织的指令和管制；更看重工作的意义而不仅仅注重工作结果的关联性。这不仅改变了组织与工作者的关系，而且将从根本上动摇组织的基础，导致工作者对组织的忠诚性急剧减弱。知识员工的内在需求逐渐向高层次发展，参与感、自主性增加，这就要求组织相应地改善工作环境、改进工作设计、变革工作内容、改变工作时间等，设计出能够提高其忠诚性的管理方法。其次，工作者的结构呈现差异化的趋势，工作者的教育背景、家庭背景、知识结构、工作经验、生活方式乃至宗教信仰等方面的差异性增加，这意味着工作者在组织中会表现出不同的文化价值观、工作态度和交往方式。工作者结构的差异化将引起组织文化由单维向多维、由封闭向开放的改变。

组织研究中的主流观点一般认为在决定个人在组织中的行为方面，个性没有情境重要。对个人特质和个性差异研究持反对意见的研究者认为组织属于强情境，而强情境会限制个人的态度和行为，因此个人特质对组织变量的影响可以忽略不计，也不必对其进行深入研究。[②] 但是，

---

① 杨加陆、袁蔚等：《管理学教程》，转引自杨家骥《组织行为面临的挑战及组织行为研究趋势》，《上海大学学报》（社会科学版）2010年第4期，第98页。

② 魏海燕：《研发人员工作动力行为的探索性研究——基于中国样本的分析》，博士学位论文，复旦大学，2007年，第13页。

越来越多的社会学家和管理学研究者开始重新认识个人特征在员工的工作动机和工作绩效中所起的作用，他们越来越清楚地认识到组织环境和个人特征之间的关系，不考虑个性而孤立地谈论组织环境是没有任何实际意义的，因为个人特征和个人倾向会赋予组织环境特殊的意义。

在大学这一组织中，教师的行为不仅受到制度、规则和政策的影响，更多更直接的影响来自他们自身；大学教师这一群体，是高级知识型员工的一种，他们具有知识型员工的特点，如非常看重工作的价值和意义，更忠诚于自己的学科和专业，这就意味着，我们必须重视大学教师的自身特点，如大学教师的人口统计学特征（性别、年龄、最高学历）、工作兴趣、工作偏好等都是影响大学教师取得工作成绩的直接致因。不得不承认，从个体差异上来看，不同的大学教师其个性特征必然存在一定的差别，每一位大学教师的工作行为中都不可避免地打上自身特点的烙印。而在学术精英群体学术成就的研究中，过人的精力、执着的追求、不懈的努力、惊人的天赋等都是被生动描述的影响学者取得伟大成就的个性特征。也即是说，个人特征及个性特征是影响其学术工作行为的直接致因，也是影响高校教师学术发表的直接原因，并且其部分个性特征通过影响工作行为进而间接影响大学教师的职业成就。

（二）工作行为

什么是行为？著名的心理学家华生和斯金纳认为：行为，就是有机体用以适应环境变化的各种身体反应的组合。这些反应不外乎是肌肉的收缩和腺体的分泌，它们有的表现在身体外部，有的隐藏在身体内部，其强度有大有小。他们认为，具体的行为反应取决于具体的刺激强度。从心理学角度来说工作行为就是员工在工作中所表现的可以观察到的活动。从社会学的角度来说，可以将行为分为两大类：一类是个人行为；另一类是社会行为。社会行为有三个方面：一是市场经济行为；二是社会规范行为；三是目的任务行为。一般来说，大的经济行为是由国家、政府甚至领导层决定的，如资源配置、经费投入、经费开支和制度的设定等；社会规范行为就是不论何职业岗位在遵从国家的法律、法规、单位规章制度以及现实社会的伦理道德所表现出来的行为；目的任务行为可分为被动服务行为与主动服务行为：被动服务或称基本服务是最基本、最常见的工作行为。这种行为一般较规范，需日复一日地重复进行。主动服务行为的工作量一般较大，程度较难。主动服务行为根据实际情况也会转化为被动服务行为，即某种服务行为被制度化要求必须实行。

教师的工作行为是教师在工作中表现出来的活动。工作行为和工作职责是密不可分的。如果将大学教师的职责分为教学、科研和社会服务三个基本类的话，工作行为则可以分为教学行为、科研行为和社会服务行为。教学行为是指教师在教学工作中的行为活动，通常教学行为包括教师备课、授课、批改作业、为学生答疑等活动。科研行为是教师在科研活动中表现出来的行为，科研行为活动的变现十分广泛，如教师查找研究文献、开展项目研究与项目实验、撰写论文或研究报告、参加学术会议或学术组织的其他活动等。社会服务行为是指教师为政府、社会团体和其他单位提供服务或咨询的行为活动。若从组织行为理论的角度对大学教师的工作行为进行划分的话，还可以分为个人行为和组织行为两大类。这里的个人行为是指教师以自我需要、个人兴趣和自身发展目标为导向的行为，他不一定与学校或院系组织的发展需要和目标导向相一致，在一定程度上反而与学校或院系组织的需求、使命和发展目标相冲突。大学教师的组织行为则相对来说容易解释，教师的组织行为可以认为是教师根据学校或院系组织的需要、使命或发展目标而产生的自发性行为，这是一种有利于学校或院系组织发展需要的行为。事实上，教师许多的工作行为产生的原因是比较复杂的，是个人行为和组织行为的复合体，也即是说，多数教师的工作行为有利己和利他两种因素并存，既能满足个人成就和发展的需要，又能实现学校或院系组织的需求和发展目标。基于本书的研究需要，对大学教师的个人行为和组织行为不作严格区分，仅从大学这一组织的三大基本职能出发，将高校教师的工作行为分为教学行为、科研行为和服务行为，分别用教师的教学时间投入、研究时间投入和服务时间投入来表示。

工作行为的结果。工作行为结果是对工作是否达成目标的一种衡量。对工作行为的探讨多数存在于微观层面和中观层面。从微观层面来说，工作行为结果非常具体，不同的职业或工作有不同的工作产出结果，就大学教师来说，教学行为结果可以是上完一门课程、教授的学生数量以及学生的课程成绩等，研究行为结果可以是撰写出了一项课题的研究报告、提交了一篇学术论文、做完了一项科研实验等等。从中观层面来说，大学教师工作行为的结果可以认为是工作产出的情况。这里的工作包括所有工作方面的产出。工作行为结果的评价可以称为工作成就或者工作绩效。高校教师的工作行为结果对教师本人和所在单位都具有重要的意义。当所有大学教师的工作成就都比较高的时候，所在单位的成果也就非常多了。从这方面来说，高校教师工作行为的结果可以作为对教师本人和教师所在单位既定目标达成的情况的评价。在本书中，高校教师学术发表是一个既定的已经完成的结果，是大学教师在学术工作中所取得的成果。

（三）组织环境因素

社会认知理论认为，完全了解人需要研究三个因素：人、情境和行为。心理学理论中认为，行为是个体和周围环境的函数。也就是说一个组织中的员工的不同行为反应主要取决于两个方面的影响和作用：一是作为行为反应主体的个人各种主观上的特征；二是个体所处环境的各种特征。格瑞戈认为，任何一个组织中的个人的工作绩效都是两类因素的函数：一类是个人本身的特性，另一类是他所处的客观环境因素，其中个人主观特征包括知识、技能、动机和态度等；环境特征包括工作性质、奖酬、群体、领导以及社会环境等。瓦蒂尼等认为，学者一般选择以个人为中心的变量（如情感、能力、个性）或以情境为中心的变量（如工作特性、社会环境）来预测人的行为。[①] 近来学者开始认识到大多数人类行为受到许多独立因素的影响，因此它们之间的关系会根据情境的不同而发生系统性变化，反之亦然。因此在研究员工工作行为的影响因素时就需要考虑与理论相关的个人和情境变量的独立关系以及它们的联合关系。

组织行为学的群体主义理论认为，由单个个体组成的群体具有不同个体的心理和行为特征，形成群体的心理效应和行为趋向。群体成员之

---

① 魏海燕：《研发人员工作动力行为的探索性研究——基于中国样本的分析》，博士学位论文，复旦大学，2007年，第46页。

间在相互影响和长期活动中会逐步形成共同的价值取向和行为准则，是群体得以存在和发展的必要条件。这种凝聚力来自群体成员的归属感和组织认同感。并且组织成员在群体活动和实现群体目标中能够逐步形成对群体生存与发展的确认，是在行动中表现为认真履行职责，关心群体并为群体发展贡献力量。并且生活在组织群体中的个体因受到组织群体规范的影响，个体差异会逐步减小，行为逐步趋向一致。

组织行为学理论一般认为，环境或者说情境因素的影响作用大于个人因素，在组织管理中良好的工作环境、组织认同和归属感、对工作的满足感、合理的经济报酬、同事间的和谐与合作等对提高员工的生产和工作效率具有重要的作用。近年来，工业心理学、医学心理学等对于环境与健康、工作与疲劳进行了大量研究，认为不良的工作环境容易使员工产生生理上或心理上的疲劳，甚至引起某些慢性疾病，从而降低工作效率。组织认同和归属感代表着个人成败和群体成就休戚相关的心理，这种心理只有在个人目标和群体目标协调一致时才会发生。工作的满足感是指工作本身令人满意。这种满足感主要包括工作本身合乎本人兴趣、适合个人能力，有利于施展个人抱负，以及工作取得的是成就带来的满足感等。并且，合理的经济报酬也是重要的组织环境因素，虽说经济报酬并不是个人工作唯一追求的目标，但是它为个人提供最基本的物质条件，是满足个人的生活和生存需求的基本条件，从某种角度来说，它还是个人在组织中的成就和贡献的象征，或代表着个人在社会中的地位。

从组织公民行为理论的集体主义观点来看，影响组织公民行为的任务变量中的任务反馈、任务范围等都与利他、事先知会、责任意识和公民美德显著正相关；任务常规化与组织公民行为呈负相关。领导行为中情变领导行为与利他、事先知会、责任意识、运动员精神和公民美德有一致的正相关关系；支持性领导行为与组织公民行为各个维度都呈正相关；魏海燕博士的研究称："研发人员的组织支持感与工作动力行为以及三个维度助人行为、解决问题行为和自我发展行为均显著正相关。分配公正、程序公正和交互公正都对组织支持感和工作动力行为有调节作用，其中分配公正是削弱作用，程序公正是强干预作用，交互公正是加强作用。具体到工作动力行为的三个维度，分配公正对组织支持感与助人行为有加强作用；对组织支持感和解决问题行为以及自我发展有强干预作用。程序公正对组织支持感和助人行为以及解决问题行为有强干预作用；对组织支持感和自我发展有加强作用。交互公正对组织支持感和助人行为以及自我发展都是加强作用。"[1]

　　组织行为学理论中集体主义的制度学派观点。制度学派试图解释的一个中心问题是：在现在社会中为什么各种组织越来越相似？即组织的趋同性。我们观察不同企业、不同学校、不同社会福利机构，就会发现它们的内部结构很相似，都采取科层制的等级结构和功能性的组织形式。[2] 迈耶对美国的教育制度进行了研究，他发现美国教育制度的许多特点，如教育是每个州政府的责任，联邦政府没有管理教育的行政权力。有趣的是，教育机构虽然是分权的，但实际上各地教育体制的结构却非常相似，反映了制度趋同性的现象。迈耶的另一个观察是联邦政府给各地学区很多资源，比如说学生的午餐是联邦政府出钱供给的。联邦政府提供财政支持的同时提出各种制度化的要求，而各个学区接受政府财政支持的条件是它们的行为必须符合联邦政府制定的所有法律，例如必须提出完整的财务报告，不能有种族歧视、性别歧视等。所以，联邦政府通过提供财政支持"利诱"各个学区接受整套规章制度，导致组织趋同性现象，使得各个组织（学区）在适应同一制度环境时表现出相同的行为。[3] 迈耶提出，我们必须从组织环境的角度去研究、认识各种各样的组织行为，去解释各种各样的组织现象。如果要关注环境的话，必须考虑它的制度环境。对于大学可以说是个科层制组织，从组织的角度来看，很多大学的内部结构非常相似，大学不是独立存在的，它处于社会环境和历史影响之中，可以说，组织的发展演变是一个自然的过程，是在和周围的环境不断相互作用下不断变化、不断适应周围环境的产出。那么制度环境对组织的影响是怎样的呢？组织的制度化是"超过了组织的具体任务或者技术需要的价值判断渗入组织内部的过程"。组织又是如何采取对策的

---

　　[1]　魏海燕：《研发人员工作动力行为的探索性研究——基于中国样本的分析》，博士学位论文，复旦大学，2007年，第178页。

　　[2]　周雪光：《组织社会学十讲》，社会科学文献出版社2003年版，第68页。

　　[3]　同上书，第71—72、76—77页。

呢？首先，合法性机制使得组织不得不接受制度环境里建构起来的具有合法性的形式和做法。因此，制度化的过程就是这样一个不断采纳制度环境强加于组织之上的形式和做法的过程。这对组织产生的影响就是：第一，趋同现象，即为了与制度环境认同，各个组织都采用了类似的结果和做法。因为组织所处的大环境是一样的，所以它们的做法都非常相似。第二，组织之间的相互模仿和学习。① 从这个角度来说，大学作为一种组织，它是受到外界环境的影响的，这种环境的影响也必以体制和政策的形式渗入到大学组织和高校教师的工作之中，它把制度作为一种决策作用的工具，通过设定各种政策和限制进而影响学术职业群体的工作行为选择和工作行为，最终影响大学教师的工作产出情况。

鉴于组织行为理论对个人特征和组织因素对员工工作状况的影响及工作行为等工作状况对工作成就感和工作成就影响的理论阐述，对影响高校教师学术发表的因素研究来说，工作状况直接导致工作产出状况的好坏，它是影响学术发表的最直接的因素，而个人特征和组织因素除了对学者的发表产生影响之外，同时对学者的工作状况也具有或多或少的作用。简言之，本节依据从组织行为理论细化了的影响高校教师学术发表的指标因素，为下文逐步分析个人、工作和组织因素对高校教师学术发表的影响状况提供理论支撑。

二　研究框架

上一节的讨论可以总结为以下几点：第一，学术发表的性别差异是东西方学者持续不断的研究课题，而学术发表的年龄差异及成才的年龄规律也是饱受争议和热议的问题之一，学者的个人差异如性别、年龄对研究产出或者说学术发表的作用是非常显著的。第二，工作行为研究的相关理论告诉我们，工作行为是影响一个人工作结果和工作绩效的直接原因。学者作为大学这一组织中的成员，其工作产出成果与学者的工作行为有着最直接的关系。教师在工作中将精力投入科研多一些，那么就

---

① 周雪光：《组织社会学十讲》，社会科学文献出版社 2003 年版，第 76—77 页。

有可能对其学术成就产生比较积极的影响。第三，组织制度和政策对学者学术成就的影响是间接的，大学组织采取什么样的资源配置方式和激励手段，将影响到学者的科研热情和工作行为方式，最终影响学者的学术产出结果。

基于上述讨论，我们在分析高校教师学术发表影响因素问题时形成如下基本假设：

1. 大学教师的个人背景因素是决定其工作行为方式与获得学术成就的重要因素；

2. 从大学教师的职业性质来讲，教学和科研是其工作的两大重心，教师的工作行为也可以分为教学行为和科研行为，教师的教学和科研偏好、对二者的时间投入等工作行为方式的差异必然导致其学术成就的不同；

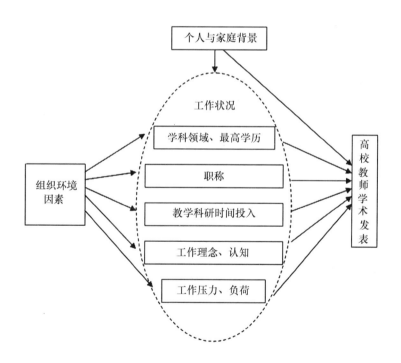

图2—1　本书研究框架

3. 大学组织的政策和制度因素是影响大学教师工作行为方式和学术发表的外在影响力，学者在追求行为目标时，通常受到个人与组织彼此互动所形成的环境的约束和限制，虽然这些约束的表现形式有所区别，但最后都将会形成"制度"，这些制度引导着学者的行为，制度能够改变行动者的偏好、价值观与动机，并最终对学者的学术成就发生作用。

我们认为对于高校教师学术发表影响因素的研究，不能仅停留在个人背景因素、组织因素和工作行为因素的独立作用上面，学者的高校教师学术发表是学者工作产出结果的表现，是个人先赋性因素、组织因素和学者工作行为等共同作用的结果。基于这样的理解，可以梳理出一个粗略的理论框架，用以说明影响高校教师学术发表的个人背景因素、组织因素和工作因素，并标明三大影响因素之间的关系（见图2—1）。

三　研究设计与方法

（一）研究内容

本书围绕高校教师学术发表影响因素这一问题，从组织行为理论的角度将影响高校教师学术发表的因素分为工作行为因素、个人和家庭背景因素、组织环境因素等，并对诸影响因素之间的关系作学理上的探讨与分析。具体研究内容包括：高校教师学术发表的影响因素是什么？各影响因素之间存在什么样的关系？是否存在高校教师学术发表影响因素的理想的关系模型？

由于对高校教师学术发表水平高低的判断不存在一个统一的评价指标。并且高校教师学术发表是一个比较难界定的词汇，学术成果、学术声望、学术地位等都可以作为衡量高校教师学术发表的标尺，然而诸如声望、地位等都是难以量化操作的概念，并且对声望高低的评价标准也并不统一，但是正如本书对高校教师学术发表界定时所述，大学教师的学术成就大多数是建立在学术发表和基于同行认可的基础之上的，经同行评议的学术发表无疑代表着该学术成果已经获得了同行的认可，是对学者研究产出质量的肯定。本书在不考虑机构类型和科研评价标准不统一的情况下，用被调查者目前的近三年内同行评议期刊发表作为高校教师学术发表的判断。

（二）研究假设

关于个人特质、家庭背景与高校教师工作产出、工作绩效的研究文献非常丰富，通常认为性别、年龄、父母受教育程度等对高校教师的工作产出、工作绩效等具有直接并且比较显著的影响的结论居多。在本书中，对个人特质和家庭背景的含义进行了界定，因此，本书关于个人特质、家庭背景与高校教师学术发表之间关系的研究假设是：

1. 个人和家庭背景与高校教师学术发表的关系

在个人背景与学者成就的关系中，性别和年龄是两个十分重要的因素。科研产出的性别研究普遍认为，在学术工作上，学术女性的成就低于男性。而年龄与学者学术成就的复杂关系，更是让二者关系的研究受到持续关注，一般地，随着年龄的增长，学者的知识积累更加深厚，研究能力也不断提高，这都为学者取得较高的学术成就提供了有益的帮助。尽管个人特点与大学教师学术发表的关系密切相关，但不可忽视的另一方面是个人所处的家庭背景因素与学者所获成就的关系，良好的家庭背景能够为学者接受优良教育提供更多的机会和可能，成立自己的家庭之后，配偶的工作与经济收入对学者能够安心学术工作具有或多或少的影响，同时，学术工作需要时间的保障，家务劳动时间的长短往往与学者投入到工作中的时间与精力具有密切关系，如果投入到家务劳动中的时间过长，无疑对学者的工作时间投入和工作产出状况造成一定的消极作用。根据这些基本经验和常识，本书对个人和家庭背景与高校教师学术发表的关系提出如下假设：

H_1：男性比女性学者的高校教师学术成果多。

H_2：年龄越大，高校教师学术成果越多。

H_3：父母受教育程度越高，高校教师学术成果也越多。

H_4：配偶是学者比配偶为非学者的高校教师的学术成果多。

H_5：配偶是学者比配偶为非学者的学术成果多。

H_6：花在家务劳动时间越长的高校教师，学术成果越少。

2. 工作状况与高校教师学术发表之间的关系

心理学认为，什么样的行为导致什么样的结果。经济学理论认为，有什么样的投入就有什么样的产出。综合这两种观点，可以认为工作行为对工作结果具有最直接的作用，而学术工作时间投入是工作行为的生动表现，教师对教学、研究和管理服务等工作时间投入不仅是教师行为倾向的表现，更直接影响着学者的工作产出。一般地，认为投入时间越多，产出结果数量或质量较好的可能性越大。同时，国内外的研究发现，学者已有的学术积累、所受到的学术训练（是否具有博士学位）、研究合作、对研究所持态度等对学者的成就具有一定的影响。由此，本书拟定的工作状况与高校教师学术发表之间关系的研究假设具体如下：

H_7：教学时间投入越高，大学教师的学术成果越少。

H_8：研究时间投入越高，大学教师的学术成果越多。

H_9：管理和服务时间投入越多，大学教师的学术成果越少。

H_{10}：具有较丰富学术积累的大学教师其学术成果越多。

H_{11}：受过系统学术训练的大学教师其学术成果越多。

H_{12}：有国际合作研究的学者比独立研究、与本单位合作研究和与外单位合作研究的大学教师的学术成果多。

H_{13}：强调应用研究比仅强调基础研究的大学教师的学术成果多。

H_{14}：强调跨学科研究比仅强调单学科研究的大学教师的学术成果更多。

3. 组织环境因素与高校教师学术发表之间的关系

大学教师的工作环境条件是本书的重点之一，其中，大学教师学术方面能否发展得好，是否能够有高质量的学术产出，学者所属机构类型（研究型大学还是非研究型大学）、良好的工作条件（办公设施、人员配备和资金条件等）、宽松的研究氛围、组织政策制度对教学和科研的激励与支持、院系资源配置方式等均是重要的致因。从而，本书对组织因素与高校教师学术发表的关系提出如下假设：

H_{15}：中央所属高校教师的学术成果高于地方本科院校的教师。

H_{16}：组织对教学越支持，大学教师的学术产出越低。

H_{17}：组织对科研越支持，大学教师的学术产出越高。

H_{18}：组织提供的工作条件越好，大学教师的学术产出越高。

H_{19}：院校资源配置方式越合理，大学教师的学术产出越高。

（三）变量选择与统计方法

1. 变量选择

（1）因变量。

本书中因变量高校教师学术发表是指大学教师通过工作上的努力所获得的工作产出结果。在本书中用学术发表来表征。在科研产出评价中，一般主要用期刊发表论文的篇数作为科研成果的数量评价指标，将论文引用率作为质量方面的衡量指标，但是，由于科研成果的学科差异性的客观存在，仅用期刊发表作为科研成果的衡量指标显得有失偏颇，不能全面反映教师的科研成就。因此，在本书中，为了比较客观地反映各学科科研成果的质量和数量，本书用近三年内发表于同行评议期刊上的文章数作为科研成果的表征指标。

（2）自变量。

以往的研究中普遍认为，影响教师产出、学术产出的因素主要有三个：一是个人特征因素，即先赋性因素，如性别、年龄等；二是家庭背景因素，如婚姻、配偶工作、是否和孩子生活在一起、父母受教育程度等；三是制度因素。实际上，高校教师学术发表是工作状况直接导致的结果，工作状况的诱因以及个人特质、家庭背景等无疑会对工作各方面产生重要影响；同时组织为了获取更高成就的需要，也会采取各种政策措施和制度安排，进一步提高员工的工作产出和工作绩效。因此，本书在探讨高校教师学术发表影响因素时，主要包括个人与家庭背景因素、工作行为、组织环境因素和院校层面政策体制因素等四大类。不可量化操作的变量如学者的声望，学者成才过程中的偶然因素如机遇等不在本书考虑的范围之内。成就变量的操作化情况详见表2—1。

第一，个人和家庭背景因素。从社会学角度来说，个人和家庭背景是个人生来具有或自然得到的社会特性，主要包括人口统计学特征和家庭背景因素。人口统计学特征指性别和年龄。在本书中，个人特质的操作化界定是：性别分为"男"和"女"；年龄分为"30岁及以下""31—40岁""41—50岁""51岁及以上"等四类，虚拟变量中，以"30岁及以下"作为参照变量；家庭背景因素中，父母及配偶受教育程度分为"初等教育""中等教育""高等教育"等三类，在虚拟变量中以初等教育为参照变量；家务劳动时间在回归分析中需转化为虚拟变量，以家务劳动时间在 1 小时以下为参照变量。

表 2—1　　　　可能用到的个人与家庭背景因素变量及赋值情况

	影响因素	变量定义	变量赋值
个性特质	性别（女性为参照变量）	性别	"1" 为是，"0" 为否
	年龄（30 岁及以下为参照变量）	51 岁及以上 41—50 岁 31—40 岁	"1" 为是，"0" 为否 "1" 为是，"0" 为否 "1" 为是，"0" 为否
	父母及配偶受教育程度（初等教育为参照变量）	高等教育 中等教育	"1" 为是，"0" 为否 "1" 为是，"0" 为否
	配偶是否学者	配偶是学者	"1" 为是，"0" 为否
	配偶工作	配偶全职工作	"1" 为是，"0" 为否
	家务劳动时间	1—2 小时 2—3 小时 3 小时以上	"1" 为是，"0" 为否 "1" 为是，"0" 为否 "1" 为是，"0" 为否

第二，工作因素。本书中主要指工作所在学科领域、学者最高学历、职称、工作时间投入、研究合作、对研究的认知、工作兴趣压力和负荷等方面。本书研究中将学科分为自然科学学科和人文社会科学学科两类，在虚拟变量中将人文社会科学学科作为参照变量；最高学历分为"博士"、"硕士"和"本科"，在虚拟变量中，以本科学历作为参照变量。职业地位是通过工作努力所获得的在工作上的地位，西方国家对大学教师的职业发展研究认为，大学教师把获得终身教职视为获得较高学术地位的一个象征，终身教职是对大学教授工作上的一种认可和肯定。在我国，教师普遍实行聘任制，仅有极少数学术精英获得终身教职。为了兼顾本书的研究主题——大学教师群体，在本书中，用学者的专业技术职务作为衡量教师职业地位的表征指标，专业技术职务分为教授、副教授、讲师和助教四个等级。在回归分析中，将教授、副教授和讲师分别赋值为"1"，其他职称变量赋值为"0"，转化为虚拟变量。工作时间包括教学活动时间（备课、讲课、辅导、答疑和批改作业）、研究活动时间（阅读文献、写作、实验、实地调研、其他学术活动）、服务和管理活动时间（有偿和无偿服务时间、各种委员会、参加系里会议、公文类工作等），工作时间按每周工作的小时数计算。研究合作包括独立从事研究、与本

单位同事合作从事研究、与外单位人员合作从事研究、与国际合作从事研究等四类，虚拟变量时以"独立从事研究"为参照变量。对研究的研究认知包括学者强调的研究类型（如强调基础研究还是应用研究、强调单学科研究或跨学科研究、强调商业定位研究、强调社会取向研究、强调国际性研究等）。工作兴趣包括教学、教学和科研兼顾但偏向于教学、教学和科研兼顾但偏向于科研、主要是科研等四类，虚拟变量中以"工作兴趣主要是教学"为参照变量。在回归分析中，工作压力和工作负荷分别以压力不大和工作负荷不重为参照变量。

表 2—2　　　　　可能用到的工作状况中的变量及赋值情况

	影响因素	变量定义	变量赋值
工作因素	学科领域（人文学科为参照变量）	自然科学学科	"1"为是，"0"为否
	最高学历（本科为参照变量）	博士 硕士	"1"为是，"0"为否 "1"为是，"0"为否
	专业技术职务（助教为参照变量）	教授 副教授 讲师	"1"为是，"0"为否 "1"为是，"0"为否 "1"为是，"0"为否
	工作时间投入	教学时间、科研时间、服务和管理时间	无
	研究合作（以独立研究为参照变量）	和本单位同事合作研究 和外单位人合作研究 与国外同行合作研究	"1"为是，"0"为否 "1"为是，"0"为否 "1"为是，"0"为否
	对研究的认知	仅强调应用研究 既强调基础研究又强调应用研究	"1"为是，"0"为否 "1"为是，"0"为否
		仅强调跨学科研究 既强调单学科研究又强调跨学科研究	"1"为是，"0"为否 "1"为是，"0"为否
		强调商业定位成果转化研究 强调社会取向研究	"1"为是，"0"为否 "1"为是，"0"为否
		强调国际视野的研究	"1"为是，"0"为否
	工作兴趣	偏向科研	"1"为是，"0"为否
	工作压力	工作压力大	"1"为是，"0"为否
	工作负荷	工作负荷重	"1"为是，"0"为否

第三，组织环境因素。组织环境因素包括反映组织政策制度环境因素的组织管理和评价与激励方式，也包括反映组织工作环境好坏的"组织工作条件"。组织政策和制度反映了组织的使命、对组织内员工

的管理与评价导向以及激励机制等，因此员工的行为理念以及行为方式和有行为导致的工作产出结果中无不存在着政策和制度的导向和作用。所以本书中把对高校教师学术发表有间接、潜在影响的组织管理、评价与激励的相关政策的变量分为四类：机构类型、对教学或科研的支持、学校对研究的认知、学校对工作绩效的强调、人事决策强调教学还是科研、学校资源配置方式等。具体来说，院校类型分为"985 工程"建设高校、"211 工程"建设高校和地方普通本科院校；管理评价方式包括重要政策的决策者（政府、学校领导、院系领导、教师委员会、个别教师、学生）、教学科研服务的评估者（同行、行政管理人员等）、学校对工作绩效的强调程度（等级变量，分为 5 个等级）、学校对研究类型的强调程度（等级变量，分为 5 个等级）、学校行政系统支持学术自由（等级变量，分为 5 个等级）等。组织环境条件与学术职业者日常工作活动密切相关，在本书中，组织环境条件包括教师对工作条件的满意度评价、资助对研究成果的限制、经费来源结构等。

表 2—3　　　可能用到的组织环境因素中的变量及赋值情况

	影响因素	变量定义	变量赋值
组织环境因素	院校类型（以地方本科院校为参照变量）	"985 工程"院校 "211 工程"院校	"1"为是，"0"为否 "1"为是，"0"为否
	对教学科研的支持	对教学支持 对科研支持	"1"为是，"0"为否 "1"为是，"0"为否
	对研究的认知	强调跨学科研究、强调商业应用成果转化研究	"1"为是，"0"为否
	学校对工作绩效强调	强调工作绩效	"1"为是，"0"为否
	人事决策强调教学还是科研	人事决策考虑教学水平 人事决策考虑科研水平	"1"为是，"0"为否 "1"为是，"0"为否
	学校资源配置方式	基于绩效配置资源 基于评估配置资源 基于学生数配置资源 基于毕业生数配置资源	"1"为是，"0"为否 "1"为是，"0"为否 "1"为是，"0"为否 "1"为是，"0"为否
	工作条件	现代教育技术、计算机设施、电信、实验室、研究设备、办公室空间、图书馆、秘书协助、教辅人员、研究辅助人员、研究资金	"1"为是，"0"为否

2. 统计方法

可用于研究变量之间关系的模型有 Logistic 回归模型、多元线性回归模型、结构方程模型等分析方法，鉴于本书研究需要，本书中拟使用 Logistic 回归、多元线性回归和结构方程模型法中路径分析法构建高校教师学术发表影响因素的关系模型。下面对模型设计作具体阐述。

（1）多元线性回归分析基本原理。

本书中，高校教师学术发表的表征指标之———科研成果是连续变量，并且影响因变量科研成果的因素不止一个，而是多个。因此，本书采用多元线性回归构建科研成果影响因素的分析模型。

$$\hat{y} = b_0 + b_1 x_1 + b_2 x_2 + \cdots\cdots + b_k x_k + e \cdots\cdots\cdots\cdots\cdots\cdots\text{模型 3}$$

其中，$\hat{y}$ 表示因变量科研成果，b_0 为常数项，b_i 为因变量 $\hat{y}$ 对自变量 x_i 的回归系数或偏回归系数，回归系数 b_i 反映了自变量 x_i 对因变量科研成果的"净"作用，b_i 的值越大，自变量对因变量的"净"作用也就越大。多元线性回归模型中要求因变量和自变量都必须为连续变量，当自变量是定序或定类变量时，需要将定序或定类变量转换为虚拟变量进入方程模型。

多元线性回归方程的检验。①共线性的检验。对于任何自变量和因变量，无论是否存在线性关系，我们都可以按照上述计算方法写出线性方程。如果变量之间根本不存在线性关系，这样写出的线性方程是毫无意义的。为此，必须判断自变量和因变量之间是否存在线性关系，也可以说，必须判断所得到的回归方程在多大程度上解释了因变量的变化，回归方程是否有效。方程在本书中，采用线性拟合优度检验多元线性回归模型的有效性。通常采用的方法是方差分析。当方差分析的 F 值大于显著水平上的 F 值时，说明回归方程具有较好的线性拟合度，反之说明自变量和因变量之间不存在线性关系。②对于回归方程整体线性拟合优度的检验一般用复相关系数的平方 R^2，R^2 也成为决定性系数或判定系数，它表示的含义是回归导致的变异在总变异中所占的百分比。当 R^2 等于 1 时，所有的观测值都落在回归线上，由回归方程进行的预测完全准确；当 R^2 等于

0 时，表示自变量和因变量毫无线性关系。对 R^2 具体值的解释是，如 R^2 等于 0.40 时，表示回归方程中所有自变量的变化可以解释 40% 因变量的变化，或者说因变量 40% 的变化是由回归方程中的自变量导致的。③自变量作用程度的检验。只检验线性回归方程是否显著并不能满足研究的需要，并且回归方程显著并不意味着纳入回归方程中的每一个自变量对因变量的作用都是有效的。对于因变量影响比较微弱的变量，应将其移出回归方程，重新建立新的较为简洁的回归方程，以突出对因变量影响程度较大的因素。因此，需要对自变量的显著性进行检验。对自变量显著性检验采用 t 检验的方法，给定显著性水平 α，若有样本计算得到的 t 的绝对值大于给定显著性水平对应表中的 $t_{\alpha/2}$，则拒绝虚无假设，认为自变量对因变量的影响显著。

多元线性回归方程可以很好地考察在控制其他变量不变的情况下，某一自变量对因变量的纯净影响，因此，采用此统计方法可以很好地判别诸因素对高校教师学术发表是否存在影响及自变量的影响程度。

（2）分层线性回归分析的基本原理。

多元线性回归方程可以对因变量和自变量之间的关系进行比较深入的探讨，但是多个变量之间的关系，除了存在有数学的、表面上的关系之外，可能还存在潜在的因果性或阶层性。例如在本书中，高校教师学术发表可能受到工作行为如教学工作时间投入、研究工作时间投入、研究合作等的影响，而教学或研究工作时间投入可能是基于学者个人的工作兴趣的中介作用间接影响高校教师学术发表。因此，必须对影响高校教师学术发表的自变量之间的关系进行梳理，并厘清它们之间的关系，才能清楚描述影响高校教师学术发表的内在机理。总之，不论是变量之间的因果关系的证明还是构念内在结果的确认，均有赖于事前研究变量的性质和内容的厘清；并清楚描述变量的假设性关系，借由本书提出的具体的结构性关系的假设命题，需求统计上的检验和验证来确认。那么这个过程本书借具有层析效应分析功能的分层线性模型分析方法来实现。

分层线性模型由林德利和史密斯于 1972 年首次提出。20 世纪 70 年代末分层线性模型在算法上有了突破性进展，之后经过近 20 年的发展，分层线性模型在研究领域中得到广泛应用，同时，专门用于分层数据分析的统计软件也相继出现，目前用于分层线性模型的统计软件主要有 HLM、MLwin、BUGS、SAS 和 VARCL 等。本书中主要使用 HLM 软件进行分层线性模型的统计分析。分层线性模型以协方差的运用为核心。协方差是描述统计中的一个离散量数，利用方差的平均差和的数学原理，计算出两个连续变量配对分数的变异量，用以反映两个变量的共同变异或相互关联程度。协方差是一个非标准的统计量数，受到两个变量所使用的量尺或单位的影响。

由于分层线性模型可以用模型来反映某一层次测量的变量如何倾向其他层次变量之间的关系，同时考虑这两个层次变量中，宏观层次变量对微观层次自变量与因变量关系的影响程度。根据分层次模型统计分析中层次的数量，分层次模型包括两层线性模型、三层线性模型以及更高层的线性模型。对分层线性模型进行分析之前，一般都会先进行零模型、随即悉数回归模型等的探讨。

从以上对分层线性模型原理和分析功能的描述中可以看出，方程模型是一种将测量和分析整合为一的计量研究技术。它是研究变量之间直接、间接关系比较理想的工具和技术。在本书中需要运用分层线性模型对影响高校教师学术发表的各自变量之间直接和间接影响的关系作深入探讨，并对因变量高校教师学术发表各表征指标之间的作用关系也作理论分析和实践验证。

（四）量化数据的获取

本书的数据来源于 26 个国家合作进行的"变革中的学术职业调查与研究"之中国大陆的调查。该调查的调查样本覆盖全国 11 个省的 70 所高校，抽样兼顾了东、中、西经济区域、院校的层次、教师的性别、学科分布、职称等，抽样具有很好的代表性。共发放问卷 4200 份，回收有效问卷 3612 份，有效回收率为 86%。

表 2—4　　　　　　　　　　问卷调查所涉及 68 所高校名单

行政区	中央高校/985	地方院校
华北	北京大学 清华大学 北京师范大学 中国人民大学	3 北京市：北京工业大学、首都师范大学、北京联合大学、首都经济贸易大学 5 河北省：河北大学、燕山大学、河北科技大学、石家庄学院、河北北方学院
东北	东北大学	3 辽宁省：辽宁大学、沈阳大学、大连大学、沈阳师范大学 4 黑龙江省：黑龙江大学、佳木斯大学、齐齐哈尔大学、哈尔滨学院
华东	上海交通大学 南京大学	3 上海市：上海大学、上海理工大学、上海师范大学、华东政法学院 5 江苏省：苏州大学、扬州大学、江苏大学、江苏科技大学、南通大学、南京邮电大学 7 山东省：青岛大学、山东科技大学、聊城大学、烟台大学、济南大学、鲁东大学、山东交通学院
中南	华中科技大学	6 湖北省：湖北大学、长江大学、三峡大学、江汉大学、湖北工业大学、武汉工程大学 5 广东省：华南师范大学、深圳大学、五邑大学、广东工业大学、肇庆学院、韶关学院
西南	四川大学	6 四川省：成都理工大学、西华大学、西南科技大学、四川师范大学、宜宾学院、攀枝花学院
西北	西安交通大学	5 陕西省：西北大学、延安大学、西安理工大学、西安工业大学、西安科技大学、宝鸡文理学院
总 68	10	58

第三章　中国高校教师学术发表的
现状与问题

高校教师的学术发展情况，可以在一定时期内的学术发表情况中呈现。因此，要准确地把握高校教师学术发表的影响因素及各因素之间的关系，必须充分地了解我国高校教师学术发表现状，深入分析我国大学教师学术发展中的优势和不足，才能为后文高校教师学术发表影响因素的分析奠定良好的基础。

本章将从我国学术产出和我国学术影响力、学术竞争力等方面对我国高校教师学术发表的现状作一定的梳理和评析，为后面几章探讨高校教师学术发表影响因素作现实铺垫。

一　高校教师工作产出现状

大学教师的工作可以分为三类：教学、科研和服务。高校教师的工作产出也可以从教学产出、科研产出和社会服务等三个方面来评价。但是社会服务非常难以量化，数据难以获得，故本书从高校的人才培养、科研产出、成果转化和应用等维度衡量并分析我国大学教师的工作产出情况。

（一）人才培养

培养高层次人才是现代大学的基本职能之一，也是大学最重要的功能，本书从培养人才的数量和质量两个方面来评价学术人员的人才培养产出。人才的数量主要指高校的毕业生人数；人才培养质量是一个难以判定的指标，故本书根据数据的可得性将人才培养质量操作化为研究生占全体培养学生数的比例，培养的研究生越多也就意味着学术人员的贡献较大。自恢复高考以来，我国高等教育发展迅速，普通高校由 1978 年的 598 所增加到 2010 年的 2358 所，专任教师由 1978 年的 20.96 万人增加到 2010 年的 134.31 万人，本专科在校生由 85.6 万人增长至 2131.79 万人，尤其是 1999 年扩招以来，毕业生人数快速增长，到 2010 年本专科毕业生的年均增长率达 15.89%，增幅最高的是 2003 年的 40.39%；从 1985 年至 2010 年，研究生毕业生的年均增长率为 15.2%。从 2000 年至 2010 年，本专科毕业生和硕博毕业生的年均增长率均保持在 19% 以上。本专科招生数也从 1998 年的 108.4 万人增长至 2010 年 661.76 万人。研究生招生数由 1998 年的 3.4 万人增长至 2010 年的 53.82 万人，增长了 14.8 倍。在校生由 1998 年的 19.9 万人增长至 153.84 万人，也增长了 6.7 倍。就人才培养层次来说，研究生所占比例逐年提高。

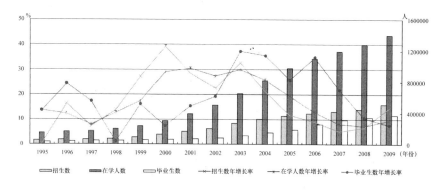

图 3—1　我国高校研究生招生数、在校生数和毕业生数及增长比例
（1995—2010 年）

数据来源于：①1997 至 2010 年中华人民共和国教育部统计数据，http：//www.moe. edu. cn/publicfiles/business/htmlfiles/moe/s4958/list. html；②中国统计年鉴 1996 至 1997 年度教育统计数据，http：//www. stats. gov. cn/tjsj/ndsj/。

　　若仅从数量来看，我国高校人才培养的数量大幅增加，成绩喜人；若从人才培养质量上来看，我国高层次人才的培养还不尽如人意。我国在校研究生数从 1997 年的 17.64 万人增长至 2010 年的 153.84 万人，而在这一时期，我国研究生指导导师数由 7.16 万人增加至 24.00 万人，粗略估算，在此期间平均每位导师指导人数从 2.5 人上升至 6.4 人。研究生导师的增长比例跟不上研究生的增长速度。

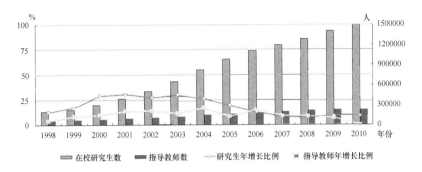

图 3—2　我国在校研究生数、指导教师数及年增长比例（1998—2010 年）

数据来源：1998 年至 2010 年中华人民共和国教育部统计数据，http：//www. moe. edu. cn/publicfiles/business/htmlfiles/moe/s4958/list. html。

（二）科研产出

1. 论文发表

高校中的专职教师是高校从事科学研究的重要力量，高校教师的科研活动所产生的产出成果以各种形式呈现出来。在国内，中国统计年鉴等国家层面上对高校教师科研产出的统计主要包括以下几个方面：一是在各种学术期刊上发表的学术论文；二是出版的学术专著；三是申报的国家发明与专利；四是获得国家、各部委、各省、市、自治区设立的各种科研成果奖。国外研究文献中对科研产出的常用的表征指标有发表论文、专利申请受理量与授权量、高新技术产品进出口等等。结合国内外对科研成果的统计指标，并考虑到数据的可获得性，本书从论文发表（包括全国科技论文发表数、国际学术论文数）、专利申请受理量和授权量等四个维度分析我国学术人员的研究产出情况。

在论文发表方面，以中国科技论文与引文数据库（CSTPCD）统计，2010 年我国作者在国内 1998 种中国科技期刊上共发表论文 53.06 万篇，与 2009 年相比增长了 1.8%。在 1997 年至 2010 年，国内科技论文发表保持稳定增长态势，1998 年以后的年平均增长率基本保持在 14% 左右。然而，国内科技论文发表量仅可用与国内的比较，而 SCI、EI、ISTP、SSCI 等论文检索系统收录的论文更能反映学术人员研究成果的质量以及国际影响力。我国被三大论文检索系统收录的论文数量在 1987 年至 2010 年呈稳定快速增长趋势。2010 年，我国机构作者为第一作者的国际论文共 12.15 万篇，其中 23968 篇论文的被引用次数高于学科均线，即其论文发表后的影响超过其所在学科的一般水平，也就是说占我国论文总数的 19.7% 的论文表现不俗，该比例较 2009 年的 15.5% 上升了 4.2 个百分点。从 2000 年至 2010 年（截至 2010 年 11 月 1 日）我国科技人员共发表论文约 72 万篇，按数量计，排在世界第 4 位，比 2009 年统计时上升 1 位；论文共被引用 423 万次，排在世界第 8 位，也比上一年度统计时提升了 1 位；SCI 数据库 2010 年世界科技论文总数为 142.10 万篇，比 2009 年减少了 1.5%，2010 年收录中国科技论文为 14.84 万篇，占世界份额的 10.4%，排在世界第 2 位，与 2009 年持平；EI 数据库 2010 年收录期刊论文（核心部分）总数为 48.04 万篇，增长率为 17.4%，其中中国论文为 12.41 万篇，占世界论文总数的 25.8%，超过第 2 名美国近 6 个百分点。CPCI—S 数据库 2010 年收录世界重要会议论文为 30.23 万篇，共收录了中国作者论文 3.79 万篇，占世界的 12.5%，排在世界第 2 位。排在世界前 5 位的分别是美国、中国、德国、英国、日本。

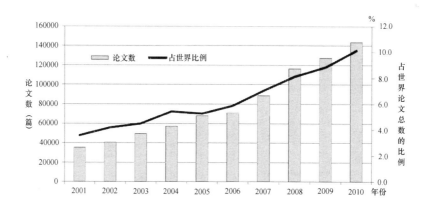

图 3—3   SCI 收录中国科技论文占世界论文总数的比例

数据来源：中国科学技术信息研究所 2011 年中国科技论文统计结果。

2. 专利申请与授权量

从国家知识产权局受理和批准的国内职务发明专利来看，大专院校在申请量和授权量上都无法和工矿企业相比（见表3—1），但是就其自身的发展来看，高校作为一支重要的科研力量，无论是申请量还是授权量都有迅速增长。2010年，我国的专利申请总量为122.2万件，同比增长25.1%。在2010年的三类专利申请中，发明专利申请量39.1万件，较上年增长24.4%，占专利申请总量的32.0%；实用新型专利申请量41.0万件，较上年增长31.9%，占专利申请总量的33.5%；外观设计专利申请量42.1万件，较上年增长19.9%，占专利申请总量的34.5%。2010年，我国的专利授权总量为81.5万件，较上年增长40.0%。其中发明专利授权量增至13.5万件，同比增长5.2%；实用新型和外观设计专利授权量为34.4万件和33.5万件，同比分别增长69.0%和34.3%。2010年，我国国内发明专利申请量为29.3万件，同比增长27.9%，占发明专利申请总量的74.9%。我国国内发明专利授权量为8.0万件，同比增长22.0%，占发明专利授权总量的59.3%。"十五"以来，我国发明专利申请量和授权量持续增长。特别是"十一五"期间，国内发明专利申请量年均增长24.4%，授权量年均增长33.5%。自2005年国内发明专利申请量超过国外来华申请量后，与国外的差距逐年拉大，到2010年已接近国外来华发明专利申请量的3倍。而国内发明专利授权量在2009年首次超过国外授权量，占发明专利授权总量的比重由2006年的43.4%上升到2010年的59.3%。[①]

表3—1　　　　　专利申请与授权量（2003—2010年）　　　　单位：件、%

年 项目	2003	2004	2005	2006	2007	2008	2009	2010
全国专利受理数	308487	353807	476264	573178	693917	828328	976686	1222286
工矿企业专利受理数	84107	90148	127397	166874	223472	295060	394299	540000
高校专利受理数	10252	14888	20094	24490	29860	40610	61579	79332

① 科学技术部发展计划司：《2010年我国专利统计分析》（http://www.sts.org.cn/tjbg/cgylw/documents/2011/20110915.htm）。

续表

项目 ＼ 年	2003	2004	2005	2006	2007	2008	2009	2010
高校占专利受理数的比例	3.3	4.2	4.2	4.3	4.3	4.9	6.3	6.5
全国专利授权数	182226	190238	214003	268002	351782	411982	581992	814825
工矿企业专利授权数	54869	52257	59113	76379	108817	138537	218321	359018
高校专利授权数	3116	6399	8843	12043	14111	19248	27947	43153
高校占专利授权数的比例	1.7	3.4	4.1	4.5	4.0	4.7	4.3	5.3

数据来源：2004 年至 2010 年中国统计年鉴国内外三种专利申请受理与授权数统计结果，http：//www.stats.gov.cn/tjsj/ndsj/。

　　虽然高校在专利申请量与授权量上都远远低于工矿企业，但是高校的专利申请量和专利授权量的绝对值每年都在稳定快速地增长。如图3—4 所示，2005—2008 年，高校专利申请受理数以每年 32.5% 的速度增长，高校专利授权数以平均每年 37.9% 的速度增长。但是与整体上的专利授权数占高校专利受理总数的比例相比，高校专利授权数占专利受理数的比例相对较低（如表 3—1 所示）。

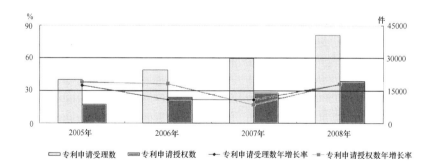

图3—4　高校专利申请受理数、授权数与年增长率（2005—2008 年）

二　学术成果的影响力

哈里特·朱克曼的研究表明，"科学家享有的威信，主要是根据科学家被认为在发展其所从事领域的知识上作出贡献的大小来划分等级的，而受其他各种个人成就（例如教学、从事科学方面的政治活动或研究方面的组织工作）的影响要小得多。例如，即使对国家政治和科学政策有着巨大的影响，也不能使一个科学家赢得在他作出了被认为是真正的科学贡献时所赢得的同样的尊敬。"[①] 换句话说，学术从业者的声望源于其对高深知识的贡献，并且这种贡献水平必须赢得业内同行的认同。伯顿·克拉克指出："对个人、群体、事业单位、甚至整个国家高教系统来说，声誉是高等教育的特殊的交换硬币。……同时，声誉依靠为国内外所承认的富有成效的学术人员。"[②] 当一个国家拥有大批世界公认的具有高学术声望的专家学者和科学技术工作者时，也就是说，这个国家的学术具有重要的影响力。学术人员的国际声望反映了一个国家的学术人员获得国际学术界的认可程度，很显然，学术声望的获得依靠学术从业者通过高深知识所创造出的巨大贡献，它同时也可以反映出这个国家的高校教师学术发表水平。学术声望以及学术成就往往来自学术同行的评价，是学术同行对于学术人员高深知识的拥有程度以及高深知识对于社会贡献大小的判断。基于数据可获得性考虑，本书拟通过观测学术职业影响力和吸引力等间接指标对我国高校教师学术发表的现状进行考察。

（一）学术国际影响力与发达国家相比仍有较大差距

1. 学术发表的质量和影响力

如果说论文发表的篇数可以用于表征我国科技论文产出的数量，那么发表论文的篇均被引次数就可以比较客观地反映科技论文产出的质量

---

① ［美］哈里特·朱克曼：《科学界的精英——美国的诺贝尔奖获得者》，周叶谦等译，商务印书馆1979年版。

② ［美］伯顿·克拉克：《探究的场所：现代大学的科研和研究生教育》，王承绪等译，浙江教育出版社2001年版。

和影响力。2010 年，我国机构作者为第一作者的国际论文共 12.15 万篇，其中 23968 篇论文的被引用次数高于学科均线，即其论文发表后的影响超过其所在学科的一般水平，也就是说占我国论文总数的 19.7% 的论文表现不俗，该比例较 2009 年的 15.5% 上升了 8.2 个百分点；我国表现不俗的论文 81.6% 由高等学校贡献。从 2000 年至 2010 年（截至 2010 年 11 月 1 日）我国科技人员共发表国际论文 72 万篇，排在世界第 4 位，比 2009 年统计时上升 1 位；论文共被引用 423 万次，排在世界第 8 位，也比上一年度统计时提升了 1 位。平均每篇论文被引用 5.87 次，比上年度统计时的 5.2 次有所提高，与世界平均值 10.57 次还有差距。图 3—5 显示了我国各学科产出论文的篇均被引次数与世界平均水平的比较，可以看出，数学学科和工程技术学科篇均被引次数与世界平均水平比较接近，但总体来说，我国各学科产出论文的篇均被引次数均低于世界平均水平。

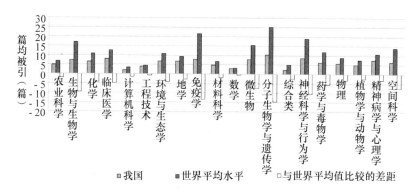

图 3—5 2000—2010 年我国各学科论文篇均被引次数与世界平均水平比较（截至 2010 年 11 月）

根据 ESI（Essential Science Indicators）数据库中论文篇均被引占世界前 1% 的单位排名情况来看，全世界共有 4272 家单位进入世界前 1% 排名，其中，我国高校有 35 所，约占 0.82%。在所有学科领域篇均被引的总排名中，我国高校排名最靠前的是中国科技大学（如图 3—6 所示），仅排在世界三千多名的位置，与排名遥遥领先的美国研究型大学如哈佛大学、耶鲁大学等世界级名校还有很大的差距。

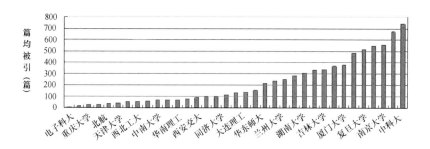

图 3—6　篇均被引在世界前 1% 的单位排名（数据截至 2010 年 4 月 20 日，所有领域）

2. 学术人员参与国际学术会议情况

学术会议是学术同行进行学术交流的重要渠道和平台，学术人员在国际学术会议担任大会主席或分会主席是国际学术同行对学术人员学术成就的认同，表明该学术人员的研究已经处在国际同行研究的前列，有着重要的国际声望和影响，是国际学术界认定的学术权威之一。学术人员在国际学术会议担任重要职务的数量也反映出一个国家学术的国际影响力，也是一个国家高校教师学术水平的重要衡量指标。国际学术会议的主题发言是国际学术同行对学术人员学术成就的选择和肯定，反映出学术人员具有与国际学术同行进行平等对话的能力，达到了国际学术同行认定的共同标准，是具有国际竞争力的学术人员。在国际学术会议担任主题发言的次数越多，在国际学术会议中越活跃，表明该国在国际学术界的声望也就越高。

CPCI—S 数据库收录的重要会议论文统计结果显示（见图 3—7），2001 年以来，我国重要会议论文占世界总数的比例逐年升高。2010 年收录世界重要会议论文为 30.23 万篇，共收录了中国作者论文 3.79 万篇，占世界重要会议论文的 12.5%，排在世界第 2 位。排在世界前 5 位的分别是美国、中国、德国、英国、日本。若不含港澳地区的论文，则中国共计被收录 8.82 万篇，其中第一作者单位为中国的共计 8.67 万篇，占总数的 98.3%。我国科技会议论文的世界排位 2006 年进入世界第 2 位，2010 年继续保持在第 2 位。我国科技人员共参加了在 76 个国家（地区）召开的 2120 个国际会议。可见，我国学术人员在国际学术

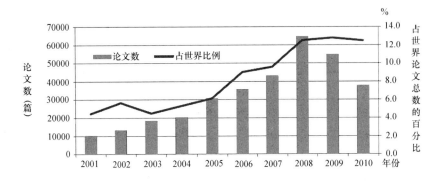

图3—7   中国科技会议论文数占世界论文总数比例的变化趋势
（2001—2010 年）

会议和学术交流中是比较活跃的，这也表明我国学术产出和学术地位在
不断提升。

3. 我国学者在国际组织中的任职情况

我国学者在国际组织中的任职情况反映了其在国际组织中的地位
和在国际组织活动中的活跃程度，同时也是国际相关同行对我国学
者学术地位和学术成就的认同和肯定，反映了我国学者在国际相关
组织中的影响力。国际组织是指具有国际性行为特征的组织，是三
个及以上国家为实现共同的政治、经济、科技等发展目标，依据其
缔结的条约或其他正式法律文件建立的有一定规章制度的常设性机
构，包括政府和非政府组织、学术和非学术组织（包括国际会议）；
不包括华人全球性组织、双边性（两国）组织、荣誉性、短期访问
性兼职等。国际机构指国外某一国家的科学院、研究所、大学等机
构。教育部科技发展研究中心于 2009 年组织人员通过查找高校网站
师资信息，以及联系"211 工程"建设高校科技处，对"211 工程"
建设高校进行了有关专家 2004—2008 年在自然科学类国际组织或国
外机构、国外学术期刊和国际会议任职情况的调查工作，并对有关
信息进行了统计和排序。统计结果显示，"985 工程"高校中共有
1994 位学者在国际组织中任职，"211 工程"高校中共有 810 位学者
在国际组织中任职，分别占"985 工程"大学和"211 工程"大学专
任教师总数的比例约为 2.1% 和 1.1%。可见，中国学者虽然在国际

组织中越来越活跃，但是在国际组织中仅有为数不多者能够担任领导者。这也表明我国高校教师学术发表虽然在不断提升但仍与国际发达国家有一定差距。

（二）不同机构间学术成果的影响力差异大

以上从国际比较的角度来考察我国高校教师学术发表在国际范围内的影响力，以从中看待我国高校教师学术发表的水平。然而，一个国家高校教师学术发表的水平若仅以国际上或者说国外标准来衡量，会在一定程度上误导本国高校教师学术发表的评价，国外的评价体系是依据自己国家的利益需要出发而设定的，并不一定符合别国的需求。郝柏林等在"如何评价中国科学家的学术成就"中提到，目前世界一流科学家的评价也并不全面，并且有疏漏之处，在其提出的科学家评价标准中，重要的一条是学术成就影响的深远程度，如影响的持久性、地域范围和人郡界别等，按照这个标准评判，中国数名科学家如钱学森、吴文俊等的学术成就已经超出了一般诺贝尔奖获得者。[①] 所以，忽视了学者高校教师学术发表在本国的贡献或作用，就会使高校教师学术发表的评价显得有失偏颇。本书基于这一基本观点，从学者的外文发表、在国外发表文章和学术任职等三个维度对我国学者的高校教师学术发表进行不同院校类型、不同职称层次上的比较。

1. 外文发表与在国外发表文章

随着全球化时代的到来，学术界也越来越注重学术研究领域的前瞻性和世界引领性，学者们试图使自己的研究领域瞄准本学科或本专业的国际前沿并努力跻身国际先进行列，或者学者试图与国际学术同行进行平等的交流和对话。在自然科学领域，中国科学院情报研究所每年都要发布我国学者收录在 SCI 检索系统的论文数量，据统计，目前中国科学家每年在国际权威科学刊物上发表文章的数量明显位居世界较前的位置（除英美两个英语国家外）。可以说，外文发表和国外发表文章在一定程度上可以反映出学者是否能够与国际上的学术同行

---

① 徐光宪等：《如何评价世界一流科学家的学术成就》，《科学对社会的影响》2002 年第 2 期。

进行学术交流与对话，是学者学术水平的标志之一。就国内高校教师发表外文文章的情况来看，"985工程"大学的教师中，约有35.5%的教师发表外文文章，比"211工程"大学和地方本科院校分别高出11.7个和13.7个百分点。就发表外文文章的学者的职称结构来看，副教授和教授职称的教师发表外文文章的教师比例明显高于讲师和助教职称的教师。国外发表文章的统计结果与外文发表文章的结论相一致，就院校层次来说，"985工程"大学中在国外发表文章的教师比例高于其他两种类型高校的教师，同样地，随着教师的职称从助教上升至教授，在国外发表文章的教师比例也不断升高，并且，讲师职称和副教授职称是个分水岭，晋升为副教授之后，在国外发表文章的教师比例有了较大幅度的提升。

可以说，从院校层次方面来说，"985工程"大学中教师在外文发表学术论文和在国外发表文章方面的学术成就明显高于"211工程"大学和地方本科院校的教师。从职称层面来讲，副教授职称以上的教师在外文发表学术论文和在国外发表文章方面的高校教师学术发表明显高于讲师和助教职称的教师。同时，发表外文文章的教师比例随着院校层次和职称的上升而提高的现象表明，高校教师学术发表的水平不可避免地受到院校声望和已有职业地位或职业声望积累的影响。

表3—2　　　　　　　　学者发表外文文章的情况　　　　　　单位：篇

		Mean	Std. D	Std. E	95% Confidence Interval for Mean	
					Lower Bound	Upper Bound
外文发表	985 院校	35.49	37.55	2.34	30.89	40.09
	211 院校	23.75	35.05	2.90	18.03	29.48
	地方本科	21.81	35.55	1.00	19.85	23.77
国外发表	985 院校	17.54	26.04	1.62	14.35	20.72
	211 院校	14.72	27.51	2.27	10.23	19.22
	一般本科	8.89	22.14	0.62	7.67	10.11

续表

		Mean	Std. D	Std. E	95% Confidence Interval for Mean	
					Lower Bound	Upper Bound
外文发表	助教	14.52	30.55	2.04	10.50	18.55
	讲师	20.71	35.80	1.58	17.60	23.82
	副教授	27.29	37.62	1.58	24.18	30.40
	教授	30.12	35.35	1.99	26.20	34.04
国外发表	助教	5.75	18.66	1.25	3.30	8.21
	讲师	10.44	25.17	1.11	8.25	12.63
	副教授	11.22	23.77	1.00	9.26	13.18
	教授	14.53	23.60	1.33	11.91	17.15

2. 学术任职

学术任职是包括学者在政府或国际上与自己专业领域相关的学术组织中担任的职务情况、学者在期刊或项目资助或院校评估中担任同行评议人员、学者在专业或学术协会（组织）中担任领导职务等。学者在相关学术组织中的活动情况和任职状况，在一定程度上反映了学者在专业领域中受到的关注和认可程度，同时也是学者高校教师学术发表影响力大小的一种测度。从学术任职的院校差异来看，"985工程"大学和"211工程"大学教师任职国家或国际科委会（管委会）的教师比例明显高于地方本科院校，同样地，在担任期刊或项目资助或院校评估的评议人员方面，"985工程"大学和"211工程"大学教师的比例也远高于地方本科院校，并且，"985工程"大学教师在这方面表现尤为突出。在专业或学术协会（组织）领导方面，"985工程"大学教师的表现明显好于"211工程"大学和地方院校的高校教师。从教师学术任职三个维度的职称结构来看，教授在国际或国家科委会（管委会）、期刊或项目资助或院校评估中担任同行评议人员、专业或学术协会（组织）中担任领导职务等方面的教师比例均明显高于副教授及以下的教师。

表 3—3   学者的学术任职情况   单位：人

学术任职		国家/国际科委会 或管委会一员	期刊/项目资助/院校 评估的同行评议人员	专业/学术性 协会（组织）的领导
院校 层次	985 院校	3.6	39.0	17.5
	211 院校	4.4	19.0	11.9
	一般本科	1.8	15.9	11.5
职称	助教	0.6	1.2	0.6
	讲师	0.9	5.5	2.2
	副教授	2.2	23.2	16.2
	教授	5.6	53.9	36.0

　　总的来说，无论是哪种院校层次和职称的不同，在国家或国际科委会（管委会）中任职的教师比例均非常低；但不可否认的是"985 工程"大学和"211 工程"大学在相关学术组织中的任职处于领先地位，教授在国际或国家科委会（管委会）、期刊或项目资助或院校评估中担任同行评议人员、专业或学术协会（组织）中担任领导职务等方面处于绝对优势地位。这些基本情况传递给我们的信息是，处于较高层次的国家或国际相关学术任职的教师比例均比较少，但在学术精英云集的"985 工程"大学和"211 工程"大学以及职称为教授的群体在三种学术组织中的任职情况均比较乐观，且处于不可撼动的"塔尖"位置，可以说，绝大多数的具有教授和副教授职称的教师其高校教师学术发表的影响力集中在国家或国际层面以下的专业领域之中，仅有极少数学者的高校教师学术发表在国家或国际层面具有一定的影响力。

三　高校教师的职业吸引力

　　一个国家高校教师学术发表水平的高与低，不仅表现在学术影响力方面，也表现在这个国家的高等教育对人才的吸引力方面。本书从我国大学教师对国际人才的吸引力和我国学术人员的国际合作等方面考察国际比较层面上的高校教师这一职业的吸引力；从我国高校教师这一职业的准入和保持等方面考察国内比较层面上的吸引力。

（一）国际吸引力

一个国家的高校对国际一流人才的吸引力可以从一个国家学术人员流进和流出的人员数量来反映，处于正流动（流进大于流出）状态的国家其高校的吸引力就大；处于负流动状态（流出大于流进）的国家其高校的吸引力就弱。林曾教授在探讨美国高等教育发达的原因时曾述道："美国之所以成为超级大国，其关键因素之一是能够吸引来自世界各国的人才，尤其是在科学与技术这些至关重要的领域。……通过人口统计特征、专业领域、个人成就与机构声望四个维度，我们发现，无论从哪个维度观察，在外国出生的教授发表的同行评审文章数量都要多于在美国出生的教授。因此，本书的结论是，美国的确引进了大量优秀人才，其高等教育的强大在很大程度上归功于他们引进的这些人才。"[①] 2002—2009 年，我国外籍教师从 3495 人增加到 10648 人，年均增长率达 18.4%。从学历结构来看，2007 年之前，具有博士学位的外籍教师占外籍教师总数的比例不到 1/5，具有硕士学位的外籍教师占外籍教师总数的比例不足 1/3，而具有本科学历的外籍教师却占到了一半以上，2008 年和 2009 年的情况有所改观，博士和硕士学位的教师约占 50%。但总的来看，外籍教师在中国学术职业中的学历层次比较低，这反映了进入我国高校的外籍教师从事高层次教学和学术研究的少，从事外语教学的比较多。

对国际学生的吸引力取决于一个国家高等教育在国际上的学术声望。一个国家能够吸引优秀的国际学生慕名求学，与这个国家的教师取得世界公认的成就和声望有很大关系。而对于高校取得的成就和声望最直接的衡量标准是教师的质量和声望。教师声望是大学声望的基础，大学声望的来源是高深知识。当一个国家高等教育的国际影响力较大时，对国际学生的吸引力就大；反之，就小。[②] 本书从我国高校对国际学生的吸引力情况，间接观测我国高等教育所取得的成就。对国际学生的吸

---

① 林曾、高艳贺：《美国高等教育发达的背后——教授发表同行评审期刊文章之比较研究》，《高等教育研究》2007 年第 7 期。

② 李志锋：《中国学术职业的国际竞争力研究》，博士学位论文，华中科技大学，2007年，第 59 页。

引力可以通过国际学生总数、国际学生率、国际学生来源和国际学生攻读学位情况等几个具体指标来观测。

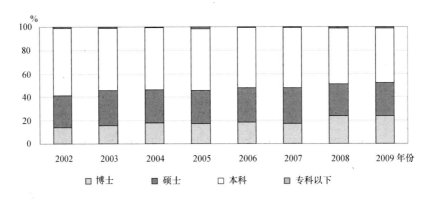

图 3—8 我国外籍教师的学历结构（2002—2009 年）

国际学生总数是指进入一个国家学术系统学习的来自其他国家的学生的数量，反映一个国家学术系统吸引国外学生的能力，也反映出一个国家高等教育的整体水平和在国际上的影响力。国际学生历年来的变化情况可以反映该国家高等教育对于国际学生的吸引力的变化情况。国际学生率是指国外学生占本国学生的比例。国际学生率越大，说明一个国家的高等教育对于国外学生的吸引力越大。国际学生流动成本比本国学生流动成本要大，如果不能提供比本国更好的高深知识的训练，就不可能吸引其他国家学生的流入。如果一个国家整体上，或大多数学科都具有吸引外国学生的能力，无疑，该国高等教育的整体水平就高。

从对留学人员的吸引力来看，中国的高等教育还缺乏足够的吸引力。2005 年，从海外回流的人才达到 3 万人，大大高于 1999 年时的 7000 人。但是政府官员称，在 2005 年回国的 3 万人中，有 50% 只完成了本科或一年制硕士教育。① 香港科技大学社会科学部教授、"中国跨国关系研究中心"主任崔大伟认为，只有少部分"海归"是牺牲了高工资或稳定的工作而回国的，其中拥有创新研究专利的人就更少之又

---

① 戴维德·茨威格：《中国已成为吸引全球人才的磁石》（http://news.sina.com.cn/o/2006 - 08 - 12/04009726502s.shtml）。

少。而且，让高级人才归国只是第一步，而留住他们则是另外一回事了。[①] 这说明中国吸引世界一流学术人才的能力还不够。

美国国家科学基金会对 1988—1996 年留美的外籍理科与工科博士学位获得者作过调查。在这一期间，中国留学生获得的理科与工科博士学位人数（16550 人）占美国大学全部理科与工科博士总数（219643 人）的 7.5%。在自然科学与工程领域，中国留学生获得的博士学位人数占了很高的百分比，例如在物理学博士中的中国留学生人数占 13%，数学博士中的中国留学生人数占 15%。[②]

改革开放以来，中国已有大量的学生出国留学，并且有许多中国学生在获得学位后留在国外。出国留学人员中，许多人是在国家资助下获得学士学位后出国继续深造的。这造成了中国经费投入资源的浪费。根据《中国统计年鉴》公布的数据，从 1978 年至 2000 年，中国累计出国留学人员共计 223356 人，累计学成回国人员共计 77992 人，归国人员占出国留学人员的比例仅为 34.9%，有高达 65% 的留学人员留在海外。[③]

（二）对初入职和已入职者的吸引力

从物理学上讲，"吸引力"是一个物体与另一个物体间的相互作用，如果把吸引力放在人与人之间或者人与一个职业之间的关系上时，说明一个人或某一职业有某些因素对某一人或某一群体具有特别的作用力和影响力，确切地说，这一职业能够满足某个人或某一群体的某种需要。马斯洛曾提出人类有五种层次的需要：生理上的需要、安全的需要、社会的需要、尊重的需要、自我实现的需要。其中尊重的需要包括自我尊重、信心、成就、对他人尊重和被他人尊重，对尊重需要的具体的阐述是，人人都希望自己有稳定的社会地位，要求个人的能力和成就得到社会的承认。尊重的需要又可分为内部尊重和外部尊重。内部尊重是指一个人希望在各种不同情境中有实力、能胜任、充满信心、能独立

---

① 《海归只是二流人才？》，人民网（http://edu.people.com.cn/GB/1055/4740006.html）。

② 李志锋：《中国学术职业的国际竞争力研究》，博士学位论文，华中科技大学，2007年，第 95 页。

③ 同上书，第 96 页。

自主。总之，内部尊重就是人的自尊。外部尊重是指一个人希望有地位、有威信，受到别人的尊重、信赖和高度评价。马斯洛认为，尊重需要得到满足，能使人对自己充满信心，对社会满腔热情，体验到自己活着的用处和价值。从职业的角度来说，学术是学者赖以生存的根本，学者通过"学术"获得收入，并以此作为他们生活的经济来源，并且，学者通过学术工作取得一定的工作成绩和学术成就，以此赢得学术同行和社会的认可，获得同行和社会人的尊重，然而这些并不尽是学术人的全部需要，学者通过从事学术工作，实现了个人的理想和抱负，满足其自我实现的需要。可以说，对致力于学术追求和有学术兴趣的教师来说，高校教师这一职业具有莫大吸引力，另外，高校可以为学者提供赖以生存的物质基础和保障，同时也可以满足学者获得成就并赢得社会尊重的需要和实现自我理想和价值的需要。基于以上考虑，可以认为高校教师学术发表与高校教师这一职业的吸引力存在一定的关系，如果高校对部分学者来说不再具有那么强烈的吸引力，不能吸引学者或者新人进入，则表明，高校可能不能满足学者最基本的物质需求，或者是不能满足学者的工作成就感了，一旦学者感觉不到工作上的成就感，那么，按照马斯洛的需求层次理论中"更高层次的需求是建立在较低层次的需求得以满足的基础之上的"观点，学者更高层次的需求如自我实现的需求也会受到一定程度的影响。本书中从学者对学术新人进入高校教师这一职业的观点和学者对高校教师这一职业的再选择两个维度观测高校教师这一职业的吸引力，以间接观测高校教师学术发表这一变量。

表3—4   现在是年轻人进入本领域开创学术事业的最困难时机   单位:%

		1 非常同意	2 比较同意	3 不同意	4 比较不同意	5 非常不同意
院校层次	985 院校	20.3	19.4	30.8	18.9	10.7
	211 院校	25.9	19.3	28.3	18.3	8.3
	一般本科	17.9	23.6	30.4	17.5	10.6
最高学位	本科	16.8	24.3	29.9	18.9	10.1
	硕士	19.7	24.7	30.6	15.9	9.1
	博士	20.3	18.7	30.5	18.4	12.1

续表

		1 非常同意	2 比较同意	3 不同意	4 比较不同意	5 非常不同意
职称	助教	18.8	30.2	26.2	18.5	6.3
	讲师	25.9	22.8	30.2	13.2	7.9
	副教授	15.2	20.8	30.5	21.0	12.4
	教授	9.5	17.2	32.3	21.6	19.3

从表3—4可以看出，现在大学教师对年轻人进入本领域开创学术事业的观点。从不同院校类型的大学教师的观点来看，"985工程"大学的高校教师中有39.7%的教师认为现在是年轻人进入本领域开创学术事业的最困难时机，仅有不到1/3（29.6%）的教师明确表态认为现在不是年轻人进入本领域开创学术事业的最困难时机。"211工程"大学中，高达45.2%的教师明确持有"现在是年轻人进入本领域开创学术事业的最困难时机"；地方本科院校中，对这一问题持同意观点的教师比例也在40.0%以上。对这一问题持相反观点的教师比例均不足1/3。从学历层次来看，本科和硕士学历的教师对"现在是年轻人进入本领域开创学术事业的最困难时机"持同意观点的教师比例分别为41.1%和44.4%，但无论是何种学历，对这一问题持反对意见的教师比例均不到该学历层次教师总体的1/3。从教师的职称结构来看，助教和讲师职称的教师中，分别有39.0%和48.7%的教师认为现在是年轻人进入本领域开创学术事业的最困难时机，副教授和教授职称的教师中，对这一问题持同意观点的教师比例分别为36.0%和26.7%。

表3—5　　　　　　如果可以重新选择，我会再做一名大学教师　　　　单位:%

		1 非常同意	2	3	4	5 非常不同意
院校层次	985 院校	11.2	9.7	21.4	23.4	34.2
	211 院校	8.5	13.0	23.2	17.4	37.9
	一般本科	9.3	11.3	18.6	19.8	41.0

续表

		1 非常同意	2	3	4	5 非常不同意
最高学位	本科	9.9	12.1	19.7	18.0	40.2
	硕士	10.4	11.1	19.1	20.8	38.6
	博士	8.4	11.5	19.7	20.7	39.6
职称	助教	7.0	9.3	19.8	21.2	42.7
	讲师	12.2	12.5	19.4	19.5	36.3
	副教授	9.4	12.9	18.6	19.6	39.6
	教授	8.8	9.3	17.2	19.7	45.0

　　表3—5是现在高校教师对职业再选择的观点。从不同院校类型的高校教师的观点来看，"985工程"大学中仅有20.9%的教师对"如果可以重新选择，我不会再做一名大学教师"持同意观点。"211工程"大学和地方本科院校中，对这一问题持同意观点的教师比例分别为21.5%和20.6%；相应地，"985工程"大学、"211工程"大学和地方本科院校中，分别有57.6%、55.3%和60.8%的教师认为如果可以重新选择，我还会再做一名大学教师。从现在高校教师的学历层次来看，本科、硕士和博士学历的教师对"如果可以重新选择，我不会再做一名大学教师"持同意观点的教师比例分别为22.0%、21.5%和19.9%，而对这一问题持相反观点的教师中，博士学历的教师比例最高，达60.3%。从教师的职称结构来看，助教、讲师、副教授和教授职称的教师中，分别有16.3%、24.7%、22.3%和18.1%的教师认为如果可以重新选择，我不会再做一名大学教师。

　　从高校教师对以上两个问题的观点来看，我国高校教师这一职业的吸引力并没有优势，"985工程"大学和"211工程"大学的学者对现时是年轻人进入学术事业的最困难时期的认同比地方本科院校的教师更加悲观；助教和讲师职称的教师中，有近一半的教师认为现时是年轻人进入学术事业的最困难时机。助教和讲师职称的教师多数为事业刚刚起步的年轻教师，他们对年轻人进入学术事业的最困难时机观点的表达，说明年轻教师现在很难在目前的学术工作中获得成就感。尽管现有学者对年轻人进入学术事业表述了并不乐观的态度，但是在再一次选择做一名大学教师的观点上，有过半的学者认为如果重新选择，仍然会选择做一名大学教师，但是仍明确表示选择做一名大学教师的教师比例在 65.0% 以下，"985 工程"大学和"211 工程"大学还会再一次选择做一名大学教师的教师比例明显低于地方本科院校的教师；同样一个问题，在美国 2004 年的高校教师调查中，仍选择做一名大学教师的教师占总教师的比例达 90.9% 以上。[①] 可见，目前我国高校教师这一职业的吸引力并不处于让人乐观的水平，纵然高校教师对部分人已经失去吸引力的原因中，物质需求、自我实现等需求可能占据一部分因素，但不可否认，选择高校教师这一职业的初衷应该不是出于追求物质条件的需要，而是追求更高层面的需求的需要。这种进行劳动时的内在需要，其实就是高校教师在这一职业中进行知识创造并形成学术成果并取得学术成就的需要。现在这种成就的需要尤其是青年教师群体的成就需要以及伴之产生的自我实现的需要并不能完全得到满足，才使得我国的高校教师职业并不像国外发达国家那样具有强烈的吸引力。

四　职业成就感

职业成就可以通过客观指标的测量获得，但是职业成就感则是一种主观感受。它不仅取决于职业成就的客观评价，同时也取决于同行对学者职业成就的评价以及学者的自我感知。这种自我感知可以用工作整体满意度来表示。工作满意度的定义颇多，不同学者表述了不同的看法，台湾学者徐光中将工作满意度的定义归纳为三大类，基本概括了学术界对工作满意度的观点：（1）综合性的定义。此定义将工作满意度的概念作一般性的解释，重点在于工作者对于其工作及有关环境所抱有的一种一般态度，它的特征在于将工作满意度看成只是个单一概念而不涉及工作满意的面向、形成的原因与过程。茹姆认为工作满意度是泛称工作本身在组织中所扮演之角色的感受或情感反映。

---

① 杨晴、叶芃：《美国高校教师工作满意度研究——基于对美国全国教师调查数据的分析》，《高等工程教育研究》2009 年第 5 期。

（2）差距性的定义。此定义将满意的程度视为一个人在特定的工作环境中所实际获得之价值与其期望应得报酬之差距而定。例如，鲍特金额劳勒指出满意的程度视一个人实得的报酬与他所认为应得的报酬间的差距而定。在一个工作情境中，一个人之实得与应得报酬间的差距越小，其满意程度越高；反之，差距越大则满意程度越低。（3）参考架构说。持此定义的学者认为组织或工作中的客观特征并不是影响人们态度及行为的重要因素，而是人们对这些客观特征的主观知觉与解释，这种知觉与解释受个人自我参考架构的影响。例如，斯密斯等认为工作满意度是一个人根据其参考架构对于工作特征加以解释后所得到的结果，某一种工作情境是否影响工作满意度涉及许多其他因素，如工作好坏的比较、与其他人的比较、个人的能力以及过去的经验等等。[1] 从工作满意度的三类定义来看，工作满意度暗含着员工对现有工作情况如工作成果、薪酬获得或工作成就等方方面面的比较，如果已有成就的取得超出了自我预期或与他人比较的预期，员工的工作满意度就会提高，如果低于预期，满意度则会降低。可以说工作满意度是职业人经过比较之后对自身职业成就的主观反映，大学教师的工作整体满意度也不例外，在对教师工作满意度的研究中霍德维发现教师对工作产生满意的因素多为内部因素，如工作成就欲、职业发展，而一些外部因素如行政管理、人际关系等则多与教师的不满意相关。[2] 李晓轩等人的论文中述道：通过工作满意度与科研绩效的回归分析结果发现，在工作满意度的七个因素中有六个进入回归方程，表明工作满意度对科研绩效存在显著的正面影响，即工作满意度水平越高，科研绩效也就会越高。[3] 因此，可以认为教师的工作满意度与教师的工作成就高低具有一定的关系。教师的成就需要与实际成就的获得之间的差距，是造成教师工作满意度高低的一个重要因素。因此本

---

[1]　徐光中：《工厂工人的工作满足及其相关因子之探讨》，《中研院民族学研究所集刊》1977 年第 1 期，转引自冯磊《HUST 教师工作满意测评体系研究》，硕士学位论文，华中科技大学，2007 年，第 8—9 页。

[2]　冯磊：《HUST 教师工作满意测评体系研究》，硕士学位论文，华中科技大学，2007年，第 19 页。

[3]　李晓轩、李超平、时勘：《科研组织工作满意度及其与工作绩效的关系研究》，《科学学与科学技术管理》2005 年第 1 期。

书从高校教师工作整体满意度的角度来探讨大学教师的职业成就感具有一定的科学性和合理性。

表 3—6　　　　　　　　　　学者的工作整体满意度　　　　　　　　单位:%

		1 非常满意	2 比较满意	3 不满意	4 比较不满意	5 非常不满意
院校层次	985 院校	3.9	52.0	37.1	6.3	0.7
	211 院校	6.6	51.3	34.2	6.9	1.0
	一般本科	4.3	52.5	34.8	7.4	1.0
最高学位	本科	4.0	54.2	34.4	7.0	0.4
	硕士	4.6	50.4	36.1	7.7	1.3
	博士	5.0	54.0	33.3	7.2	0.6
职称	助教	6.2	56.6	30.7	5.5	1.0
	讲师	4.5	46.0	40.0	8.3	1.2
	副教授	3.1	52.0	35.4	8.6	0.8
	教授	4.0	63.4	27.9	4.3	0.4
总计		4.5	52.4	35.0	7.2	0.9

　　从本书的统计分析结果来看（如表 3—6 所示），将教师的工作整体满意度从非常满意到非常不满意分为五个等级，为了比较细致地观测学者的工作整体满意度，本书不仅从全体教师的角度考察工作整体满意度，也从院校层次、最高学历状况和职称结构等三个维度观测不同大学教师群体的工作整体满意度。具体来说是，仅有 4.5% 的教师对自己的工作整体的满意度为"非常满意"，52.4% 的教师对自己的工作表示"比较满意"，如果将对工作表示"非常满意"和"比较满意"的教师比例相加，认为是对工作表示满意的话，则约有近六成的教师对自己的整体工作表示满意。如果从不同大学教师群体的工作满意度统计结果来看，"211 工程"高校中，教师对自己工作表示满意的教师比例最高，其次是地方本科院校的教师，对工作表示满意的教师比例最低的是"985 工程"高校中的教师；就教师的学历情况来看，对自己的工作表示满意的博士学历的教师比例最高，其次是本科学历的教师，对自己工作表示满意的教师比例最低的是硕士学历的教

师；从职称情况来看，职称为教授的教师对自己工作满意的教师比例最高，达67.4%；其次是助教职称的教师，对自己工作满意的教师比例为62.8%；对自己工作表示满意的教师比例最低的是职称为讲师的教师。

从整体上看，大学教师对自己的工作满意感并不理想，约有四成的教师对自己的工作并不感到满意，这其中既有教师对自己期许的作用，也有政策目标的导向作用，不可排除还有其他因素的影响等，但总的来说，有相当一部分教师的职业成就感处于比较低的水平。不同群体的教师，工作满意感也不尽相同。"985工程"高校是我国建设高水平大学的重点对象，对教师的要求以及教师对自己的要求也比较高，当这种期望与实际的工作成就的取得具有较大差距的时候，也就造成了这类教师对工作感到满意的比例最低的现状。相对来说，"211工程"院校和地方本科院校中的教师面临的期许目标要低于"985工程"高校，这两类高校教师的工作满意感高于"985工程"高校的教师也就不足为奇。而不同学历状况和职称等级的教师群体的工作满意感却表现出了两种不同的现状：一方面，高学历高职称的教师对工作满意感较强，另一方面，低学历低职称的教师对工作满意感也比较强，而硕士学历、讲师、副教授职称的教师对工作的满意感处于中等水平。对这种"两头高，中间低"现状的可能解释是，教授职称是学术等级中的最高级别，教授职称的获得本身就是对学者已有成就的肯定，在教授自我认知和他人认可之下，职称为教授的教师的职业成就感也就会处于比较高的水平。同样地，高学历的教师由于受到规范而系统的学术训练，更容易取得相应的学术成就，职业成就感也相应较高；而低学历教师多数是较早进入我国高校教师这一职业的，虽然学历较低，但工作经验丰富，并随着经验和年龄的积累已经取得了较为丰硕的成果，因此这部分教师的成就感也较高。而学历为硕士或职业处于起步发展阶段的讲师和副教授职称的教师群体，已然没有学历优势或工作经验的积累优势，并且由于面临生活和职业等多重压力，经济上的压力带来对工作上获得回报的更高期望，而期望和现实之间的落差造成了学者"中间"阶层群体的工作整体满意感处于较低水平。

五　研究高校教师学术发表影响因素的必要性

（一）中国学术产出量大但质量有待进一步提高

通过科研产出的一些指标的国际比较分析，中国科技人员，包括高等学校学术人员科学研究水平有了很大的提高，在高深知识的增量上具有一定的竞争优势，但基础研究的产出率仍然很低，产出价值不高。高等学校是基础研究的重要场所，伯顿·克拉克认为："在这个巨大的领域中，高等教育部门明显地被界定为基础研究意义上的科学之家。"①在国际学术领域中，中国高等学校学术人员每年发表高质量、有影响力的研究论文数量很少。到目前为止，我国高等学校 SCI 上发表的学术论文的篇均被引次数还未达到世界平均水平，有不少学科与国际论文篇均被引次数还有很大差距。"以每年在 *Nature* 和 *Science* 上发表的论文为例，哈佛一家就在 60 篇以上，20 篇左右的大学还有 10 多所，而中国大学一般年景为零，包括中国最高学府亦如此，差距何其大也！而这类论文是更能反映原创性质的。"②

由于历史发展的原因，中国学术体系起步较晚，作为发展中国家，中国高等教育所创造的高深知识在世界知识体系中占据非中心地位，无法和工业化国家进行高深知识的国际竞争，无法在国际学术界获得高深知识的拥有率，也就无法分享世界范围内的学术权力。尽管最新的有关报道说中国发表的论文总量已经跃居世界第一位，但是产出的重大原创性研究成果的还不多，高深知识的价值在国际学术界还没有得到广泛的承认。

另外，高等学校教师学缘结构近亲繁殖现象严重。张维迎认为，"废除近亲繁殖对中国高等教育的意义，不亚于每年增加几百亿的投入"③。近亲繁殖所带来的不是高深知识资源总量的增加，而是高深知识资源总量的消耗。高深知识的创造是不同类型高深知识之间相互作用

---

① ［美］伯顿·克拉克：《探求的场所：现代大学的科研和研究生教育》，王承绪译，浙江教育出版社 2001 年版，第 159 页。

② 张楚廷：《教育中，什么在妨碍创造？》，《高等教育研究》2002 年第 6 期。

③ 张维迎：《大学的逻辑》，北京大学出版社 2004 年版，第 34 页。

的累积效应,当不同类型的高深知识相互作用时,才能够产生新的知识,而同类的高深知识并不能发挥这种知识的累积效应。不仅如此,不同类型的高深知识对于学生形成交叉的知识优势同样是非常重要的。多样化的学生更能够适应社会经济发展的需要。近亲繁殖所导致的学术人员知识的同质性严重禁锢了学术自由和学术创造。"知识创造需要学术自由,学术自由离不开人才流动。近亲繁殖必然导致学术自由的毁灭,学术创造力的衰退,并滋生严重的学术腐败和官本位思想。"① 在教授的职业活动中,目标越富挑战性,就越能充分体现他们的才干和价值。在实现目标的过程中,他们的创造欲望可以得到极大的满足,个人价值能够得到最大限度的实现,因此能产生强烈的成就感。② 在一个国家高等教育发展和强大的过程中,离不开学者的学术成就的功劳,可以毫不夸张地说,高校教师学术发表是一个国家高等教育保持较高声望的核心要素。在大学学术声望中,学者的实力和成就使得他们所供职的高校不断赢取这种声望。就拿美国的研究型大学来说,翻开其中每一所大学的历史,那些享誉世界的著名学者和他们举世瞩目的成就便跃然纸上,成为研究型大学永远的骄傲和不朽的丰碑。③ 然而,著名学者并不是一天形成的,也不是单纯靠引进而来的,著名学者或者说高学术成就的学者是可以培养出来的,如何提高学者的高校教师学术发表质量和职业成就感,就需要深入了解影响高校教师学术发表的因素并对诸因素之间的关系进行深入分析,以掌握大学教师学术成长规律和影响学术发表质与量的核心关键,为相关学术管理决策提供实证依据,而我国在这方面的研究还不够系统和深入,这正是本书需要研究和解决的核心问题。

(二) 中国高校教师学术发表影响力上升,但仍待提高

中国科学技术的发展引人注目,在不少学科领域赢得了国际学术界的认同,国际学术合作有所增加,在重要学术组织任职和国际学术会议担任学术职务和主题演讲的学术人员越来越多,表明中国高等教育的国

---

① 张维迎:《大学的逻辑》,北京大学出版社 2004 年版,第 9 页。
② 王怀宇:《教授群体与研究型大学》,华中科技大学出版社 2008 年版,第 109 页。
③ 同上书,第 69 页。

际声望在不断提高，中国高校的学术水平正在逐步获得世界的认可。

从国际重要学术奖励、高水平论文被引用和专利发明等几个主要指标来看，中国高等学校教师所取得的有国际影响的学术成就不多，国际学术流动，国际合作研究仍然比较缺乏。① 学术人员的国际声誉依靠的是其高深知识对于世界学术同行的影响力。显然，中国学术人员对于高深知识的控制和垄断能力还不够。虽然中国对于国外学生的吸引力在不断增强，但是这些学生中短期留学的居多，语言类的居多，经济不发达国家的居多，长期的少，以获得学位为目的的少，自然科学和工程领域的少。② 这三多三少反映出中国教育和科学技术水平仍然不足以吸引国际学生，学术的国际竞争力仍然处于一个较低的水平。而且，中国仍然是最大的留学生输出国。许多中国研究人员和学者也花时间游学海外。阿特巴赫证实："学生和学者的留学潮大量的是从发展中国家或中等收入国家到工业化国家，而且知识的流向也是不平等的。"③ 中国作为世界最大的留学输出国，反映了中国学术国际影响力还需要进一步提高。

我国高等教育发展迅速，教师与学生的比例不断提高，过高的生师比使得教师不得不花费更多的时间用于教学、培养学生，这样，使得教师投入到科学研究中的时间就相对较少，这种情况直接导致教师的科研产出受到一定的影响；同时，一个教师的精力是有限的，如果指导的学生过多，必然使得教师用于培养学生的生均学生的时间较少，学生培养质量得不到保证，也影响到高水平学生的产出能力。同时，增加了大学教师的工作负担和压力。从国际比较的角度来看，中国公立普通高等教育学校只有90多万教师，教师的相对数量是比较少的。尽管高等教育资源，如高等教育规模、投入总量等，和一些国家相比具有比较优势，但是和庞大的学生数量相比，没有竞争优势，导致了整个高等教育资源总量不具有竞争力。

---

① ［美］伯顿·克拉克：《探求的场所：现代大学的科研和研究生教育》，王承绪译，浙江教育出版社2001年版，第247页。

② 李志锋：《中国学术职业的国际竞争力研究》，博士学位论文，华中科技大学，2007年，第108页。

③ ［美］菲利普·G. 阿特巴赫：《变革中的学术职业：比较的视角》，别敦荣主译，中国海洋大学出版社2006年版，第1页（总序二）。

　　我国的学术影响力还不够高的一个重要原因是缺乏高质量的原创性成果，而高质量的原创性成果的缺乏是多方面的原因造成的。王怀宇把这归因于我国学术评价系统缺乏有效激励上面，她认为：现行学术评价体系不利于重大成果的产出，……当前我们实行的这种短、平、快的评价机制，从长远来看并不利于科学研究尤其是基础研究创新成果的出现过于追求成果数量，对质量重视不够、对科研成果的质量缺乏客观的衡量标准等是我国科学研究工作缺乏原创性成果的主要原因。① 从这一角度出发，分析影响我国高校教师学术发表的组织管理方面的现实因素是本书所关注的问题之一。

（三）吸引力有待提升

　　近几年，中国高校教师的总量迅速增加，一批高学历人员进入高校教师领域，增加了高深知识资源存量。但是，中国大学在急剧扩招期间，引进和提升了相当一部分教师，其中一些教师缺乏学术资格和教学经验，而一些老一代教师又受制于社会发展，不能跟上科学和技术的飞速进步。从高校教师这一职业的吸引力来看，中国高校教师这一职业对高深知识的人力资源的吸引力与发达国家相比不具有竞争优势。虽然中国高等学校学术人员规模比较大，但是学术人员的学历结构仍然不尽合理，仍然有过半的专任教师还是本科及以下学历，具有博士学位的教师只有教师总数的 47% 左右，而且，从国外一流大学获得博士学位的教师比例更低。美国 200 多万高校教师中大部分具有博士学位，并且大部分博士学位是由前 100 所知名研究型大学授予的。由此可见，中国高校所拥有的高深知识的资源存量和美国相比，存在相当大的差距。在中国，具有博士学位的教师所占的比例还太小，而在美国，博士学位成为进入高校当老师的必需品。博士学位教师比例太小反映了中国高校教师这一职业尽管总量多，但是在高深知识总量上并不具有竞争优势。高校教师的"门槛"较低直接导致了中国大学教师的学术水平总体偏低，也使得高校教师这一职业的学术价值难以得到彰显。正由于中国学术水平总体偏低，也使得中国高等学校的学术职务的价值和发达国家不具有

---

　　① 王怀宇：《教授群体与研究型大学》，华中科技大学出版社 2008 年版，第 87—91 页。

可比性。不仅仅如此，中国的学位制度是在短短 20 多年的时间内发展起来的，博士生指导教师也存在着高深知识的存量问题。从国内许多高校把国外知名大学的助理教授作为学术带头人来引进也反映了中国与西方发达国家在高深知识资源上的差距。

青年学者是后备力量和生力军，而我国的大学教师对年轻人进入这一职业开创事业所抱的态度并不乐观，并且在职业选择上，明确表示还愿意选择做一名大学教师的学者的比例与美国高校教师相比比例值也并不高，也即是说我国大学教师这一职业对学者尤其是年轻学者并不具有非常强的吸引力。熊丙奇在分析青年教师流失的原因时说，待遇低且青年教师的压力大是青年教师不愿意待在高校的重要原因。① 这种原因的背后其实是教师最基本的物质需要、自我成就或自我实现需要得不到满足的体现。归根结底，大学教师在学术事业方面的自我追求、价值认同等问题，是影响其是否在高校持续工作的最根本问题，也是影响高校教师是否有持续的信心继续从事工作的根本问题，也是高校教师这一职业能够始终保持强烈吸引力的重要根源。从这一点出发，对影响高校教师学术发表的诸因素进行深入探讨是本书的研究重点之一。

（四）职业成就感较低

我们应该从辩证的角度看待大学教师工作整体满意感缺失的现状，虽然有近六成的大学教师对工作整体上感到满意，但是从满意度的等级来看，绝大多数大学教师对工作整体上感到比较满意而不是非常满意，这说明大学教师的职业成就感并没有达到顶峰，仍然对学术事业有着更高的追求，对自己的学术工作仍然执着，力求达到更高的学术成就的高峰。另外，不可忽视的是，仍然有逾四成的大学教师并没有明确地表示对自己的工作整体上感到满意，虽然在这部分大学教师群体中，大多数人对自己的工作整体上既不表示满意也不表示不满意，但这种不置可否的态度也正说明目前的学术事业并没有给大学教师带来较高的职业成就感，这将导致的负面结果是大学教师在学术事业中体验不到付出劳动所

---

① 熊丙奇：《房价高怎是高校青年教师流失根本原因》（http://887766.2008red.com/887766/article_ 553_ 3647_ 1. shtml）。

带来回报的喜悦和满意感；反之是挫败感，一时的挫折可以让其汲取自己以往工作中的不足，积累经验继续努力发展自己，但是长期的挫败感会造成大学教师对自己的学术能力产生怀疑甚至对学术事业失去兴趣，产生职业倦怠或欲离开这一职业。这不仅不利于大学教师学术工作的开展，甚至会引发对学术工作产生消极的态度和行为，从而造成学术成果的隐性流失，因此，需要对大学教师的职业成就感进行密切关注，而职业成就感的最根本来源是职业和学术工作本身，也即是说高校教师学术发表是带给学者职业成就感的根本所在。那么如何探讨高校教师学术发表影响因素从根本上来说也是对高校教师学术成就影响因素的一种回答。

第四章　影响高校教师学术发表的
个人和家庭背景因素

　　学术人的个人特点和家庭背景是学术人的基本特征，也是影响高校教师学术发表的先赋性因素。因而在控制其他后致性因素的情况下，如果学术人的学术成就受制于个人特征和家庭背景的影响，那么，在一定程度上可以说，个人特性和家庭背景与高校教师学术发表之间具有一定的关系。本章在理论分析和研究设计基础之上，采用基本描述性统计、差异显著性检验等统计方法，就个人特征和家庭背景对高校教师学术发表是否存在作用以及作用发生的路径进行实际判别，为后续研究奠定一定的立论基础。

一　个人和家庭背景

　　个人特性和家庭背景等先赋性因素对人的学业以及企业员工、高校教师的工作绩效、职业成就等仍然存在不可忽视的影响和作用。因而，对学术人的个人特性和家庭背景进行描述，分析学术职业群体个人特性和家庭背景的共同特点以及不同之处，能更好地判断个人和家庭背景对高校教师学术发表是否存在影响和作用。

（一）个人背景

　　个人背景是指某人的一些基本信息和特征。其中包括人口统计学特征和个性特征。个人特征一般指某人或某一群体所固有的事件、事物或特性。从社会学领域、心理学领域、管理学领域和教育学领域都对社会群体或某一特定社会群体的个性特征有比较深入的研究。这些研究者从不同的角度出发界定个人特征，对个人特征的概念的内涵和外延有不尽相同的见解，在高校教师群体的研究实践中，对个人特征的界定和操作方法也不完全相同，具有一定的差异。本书认为，个人特征一般包括人口统计学特征和个性特征。人口统计学特征是重要的个人背景信息，包括性别、年龄、宗教特征和种族特征等。

对高校教师群体的研究中，个人背景的研究是其中重要的组成部分。学术成就上的性别差异是不可回避的事实。在以往的研究中，性别差异说是一个经久不衰的研究热点。尽管现在有研究称，学术成就上的性别差异正在缩小，但差异依然存在；年龄上的累积效应也是个人背景与科研成就的关系的另一印证；科研成就的学科差异是学科影响高校教师学术发表不容忽视的表征；工作年限对学术发表的影响同样存在，职业生涯理论中，职业停滞与工作年限密切相关；另外，拥有博士学位成为高校教师这一职业准入的一个重要标志和条件。可以说，西方学者对个人背景与学术成就的研究结果充分证明，个人背景与学术成就具有密切的关系。

尽管众多的研究指出，在高校教师这个职业中，女性处于劣势地位，只有少数女性能够获得较高的学术声望和地位，大多数学术女性处于职业等级中的中下之位，但是不能否认的是，学术女性在所占比例中是比较高的。在本次调查中，女性占整体被调查人数的45.5%，占据了总人数的过四成。从年龄构成上来看，年龄在40岁以下的中青年教师所占比例为69.6%，约占全体教师的七成，年龄在41岁以上的教师占被调查教师总体的三成。从性别角度来看，40岁以下的男教师占男教师总数的63.4%，约占六成；40岁以下的女教师占女教师总数的76%，比男性教师高出12.6个百分点。可见，女性教师大量进入高校教师这一职业是在近十几年内发生的。

表4—1　　　　　　　　高校教师的性别和年龄分布　　　　　　　单位：岁

	30 岁及以下	31—40 岁	41—50 岁	50 岁以上
女	39.6	37.4	19.4	3.5
男	23.6	39.8	28.0	8.6
总计	30.9	38.7	24.1	6.3

（二）大学教师的家庭背景

社会学家认为家庭背景因素也是影响个人学习和职业发展的重要因素，家庭环境因素对个人的身心发展、性格、价值观和情感认知等具有不可估量的直接或潜在影响，父母受教育程度、父母职业对个人职业生涯发展以及取得成就的影响在西方研究中并不鲜见。在家庭与事业之间关系的处理过程中，家务劳动时间与事业发展之间的关系比较微妙。一般地，当对家庭事务花费更多的时间和精力时，事业发展可能会受到消极影响。当高校教师有一个良好的家庭背景如父母受教育程度较高、配偶受教育程度较高且配偶也是学者时，可能对大学教师自身的职业发展和职业成就也会有较大的正面影响。不同的教师用不同的指标测量家庭背景。本书认为，在中国的家庭中，父母的受教育程度往往跟家庭拥有的社会资源具有密切的关系，配偶的受教育程度和职业对大学教师的职业成就关系比较密切，因此，本书用父母受教育程度、配偶受教育程度、配偶工作类型、家务劳动时间等作为大学教师的家庭背景测量指标。

大学教师的父母受教育程度。27.2%的大学教师其父亲受过高等教育，约三成的大学教师其父亲接受过中等教育，26.6%的大学教师其父亲受过初等教育；就母亲的受教育程度来看，大学教师的母亲受教育程度略低于父亲的受教育程度，约52.2%的大学教师其母亲仅受过初等教育甚至没有受过正规教育。

大学教师的婚姻及配偶情况。被调查的大学教师群体中，有85%为已婚。并且，在已婚者当中，配偶接受过高等教育的比例高达90.7%。约四成（42.2%）大学教师的配偶也是学者，从配偶的工作类型来看，配偶为全职工作的比例为92%，仅有6.2%的大学教师其配偶没有工作。

家务劳动的情况。从本调查的统计结果可以得知，约七成的大学教师每天花在家务劳动方面的时间在两小时及以下，仅有7.7%的大学教师每天花3小时以上的时间在家务劳动上面。就性别来看，学术女性花在家务劳动上面的时间明显高于男性，每天花在家务劳动上的时间在2—3小时、3小时以上的学术女性的比例分布分别比男性每天花在家务劳动的时间高出12.1、6.2个百分点；在每天家务劳动上的时间低于1小时这种情况下，男教师所占比例比女教师高出18.3个百分点。

通过以上研究发现，我国大学教师这一群体具有性别和年龄结构合理、配偶的学历层次较高、父母受过高等教育和非高等教育并无显著差异，家务劳动时间普遍在两小时及以下且男教师比女教师家务劳动时间少等特点。

二 个人和家庭背景与高校教师学术发表的关系

要准确地判断个人特征对高校教师学术发表的影响和作用，必要的前提是对高校教师学术发表进行明确的界定，并建立高校教师学术发表合理的测量指标。本书已经限定用科研成果发表作为本书中高校教师学术发表的判断。

（一）个人背景与高校教师学术发表的关系
1. 性别与高校教师学术发表的关系

大学教师中的性别研究已然不是一个陌生的话题，以往的研究中不乏对学术女性学术人员的作用、科学领域中学术女性偏少、资深学术女性人员偏少、学术女性职业发展中遇到的障碍等问题进行了深入的探讨。贝恩、卡明斯在"学术界的'玻璃天花板'：学术女性职业发展中社会的、专业组织的以及制度性的障碍"一文中，基于 10 个国家的高等教育系统的问卷调查，发现不到 10% 的教授是女性。而且女教授的比例与大学的声望呈负相关。文章认为学术界中的"玻璃天花板"与女性较短的职业生涯、终身教职的减少以及女性较低的学术生产力有关。[①] 以往的研究表明，彰显学术地位和学术声望的学术精英阶层中女性比例明显低于男性，但是学术精英层面的研究并不能代表学术群体中性别差异的全部，这里从学术全体人员而不仅是学术精英层面，探讨性别与学术发表的关系，结果如表 4—2 所示，学术女性的近 3 年学术发表平均为每人 2.1 篇，男教师平均每人 2.5 篇，比女教师高出 0.4 篇，

① Olga Bain, William Cummings, Academe's Glass Ceiling, "Societal, Professional-organizational, and Institutional Barriers to the Career Advancement of Academic Women", *Comparative Education Review*, 2000, pp. 493–514.

差异显著性检验结果表明，学术发表的性别差异十分显著（F 值为 11.548，Sig. 值为 0.001，P < 0.01）。

表 4—2　　　　　　　　**性别与学术发表的关系**　　　　　　单位：篇

	Mean	Std. Deviation	Std. Error	95% Confidence Interval for Mean	
				Lower Bound	Upper Bound
女	2.1	2.350	0.058	1.941	2.169
男	2.5	4.692	0.107	2.279	2.701
Total	2.3	3.801	0.064	2.164	2.414

在引入学科和最高学历作为控制变量之后，性别与学术发表的关系如图 4—1 所示。首先看学科作为控制变量的性别与学术发表的关系，在人文社会学科、自然科学学科和工程学科内部，男教师近 3 年的学术发表比女教师分别高出 0.4 篇、0.5 篇和 0.5 篇，统计意义上的差异显著性表明，在学科作为控制变量之后，仅有人文社会科学中，教师研究产出的性别差异依然十分显著（$F_{文}$ = 9.031，Sig. 值为 0.003；$F_{自然}$ = 2.381，Sig. 值为 0.123；$F_{工程}$ = 1.572，Sig. 值为 0.210）。再看最高学历作为控制变量之后，性别与学术发表的关系。最高学历为本科、硕士和博士的情况下，男教师的学术发表分别比女教师高出 0.2 篇、0.3 篇和 0.4 篇，统计意义上的差异显著性表明，在最高学历作为控制变量之后，本科和博士为最高学历的教师学术发表的性别差异并不显著（$F_{本}$ = 2.350，Sig. 值为 0.126；$F_{博}$ = 0.796，Sig. 值为 0.373；P < 0.1），最高学历为硕士的教师其学术发表的性别差异依然十分显著（$F_{硕}$ = 3.724，Sig. 值为 0.054，P < 0.1）。

2. 年龄与高校教师学术发表的关系

年龄与科研成就的关系是一个对科技和教育发展政策具有重大意义的科研问题。我国的高等教育与美国等西方发达国家不同，由于"文化大革命"十年造成的科研人才的断层和近期国内外具有博士学位人才的大量进入高校，使得年龄与科研成就的关系更加复杂，并且，年龄与科研成就关系之间还存在许多其他因素的影响，其中，性别和专业领域就是年龄与科研成就关系中非常重要的中间变量。有研究指出，男教

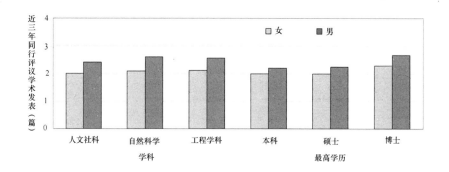

图4—1　性别与学术发表（学科和最高学历作为控制变量）

授发表的成果几乎是女教授的两倍。然而，在社会科学和艺术领域中，性别的差距则倾向于缩小。其原因是，在这些领域中女教授的比例远高于她们在科学、工程和技术领域中的比例①。在罗伯特·布莱克伯恩的研究中，首先从生物学、心理学、社会学、社会—心理学四个学科理论阐述了年龄与学术发表之间的关系。生物学理论认为智力高峰期出现在年龄的早期阶段（约30至35岁），达到顶峰之后，智力随着年龄增长逐渐衰退。这一点在获诺贝尔奖的科学家中可以得到印证，大多数获得诺贝尔奖的学者都比较年轻，并且在此之后，这些学者的学术生产力依然保持在较高的水平，但无论从数量还是质量上都无法与其年轻顶峰时期相提并论。心理学观点认为动机是学术发表的致因并且年龄与学术发表之间关系的变化是由于不同生涯阶段动机不同所造成的。这一理论的假设是：当一位在研究型大学被聘任为助理教授的新教师认识到终身教职和晋升为副教授需要一定数量的学术发表时，在其工作的早期学术发表会达到一个高峰期；但是当他的目标达成并获得相应的职业安全保障后，发表的动机就会降低并且学术产出也随之下降，当他为晋升为教授而努力时，学术产出又开始增加了。社会学的观点认为学者的学术发表量取决于其行为方式，这种行为方式和价值观需要经过长期的训练，一经确立便不容易被轻易改变，因此学者的学术水平取决于其"工作的

---

①　Schuster, J. H. & Finkelstein, M. J. , *The American faculty—The restructuring of Academic work and careers*, Baltimore: the Johns Hopkins University Press, 1995.

起点"。社会—心理学理论综合了个人动机论和个人工作环境决定论两种观点。该理论认为学者的第一次发表很重要，它决定了学者今后发表的数量；并且学者在学术生涯的不同阶段均可能达到不同的发表峰值，因为在每一学术生涯时期，学者受到的奖酬措施可能不同。然而，这四种理论都有一定的局限性，罗伯特·布莱克伯恩的研究称在学者从助理教授晋升为副教授期间、副教授晋升为教授期间，学者的学术发表量均有峰值出现，而这似乎与年龄并无关系；而从年龄与学术发表的关系来看，学者在 35 岁之前学术发表达到顶峰，之后学术发表逐年下降。[1]林曾教授在关于年龄与科研能力之间的关系的研究中称，无论是从整个科研生涯来看，还是从最近的科研行为来看，教授的年龄对他们的科研能力有正面影响；科研能力的巅峰不只是出现在一个年龄段而是出现在多个年龄段。[2] 可见。关于年龄与学术产出的关系并非一成不变，这其中也包含着性别、学科、最高学历、院校属性等各方面因素的制约。

因此，本书在探讨年龄与科研成就关系时，将引入性别、学科、最高学历和院校类型等变量作为控制变量，在排除这些常见的制约因素之后，研究年龄与科研成就之间较为纯粹的关系。图 4—2 描述的是年龄与高校教师在近三年学术发表数量的关系。可以直观地看出，随着年龄的增加，高校教师近三年的学术发表量在不断提高，可以说这是一种年龄累积的效应。简单的相关分析结果也显示，年龄与发表文章的数量呈显著的正相关（r = 0.283，Sig. 值为 0.000，P < 0.01）。换句话说，年龄越大，发表的论文也就越多。同时图 4—3 也描述了年龄和学术发表之间的关系的几个阶段：第一阶段是 29 岁至 36 岁，是大学教师的开拓发展期，从学术生涯初期到站稳位置，学术发表从低到高，稳步上升。第二阶段是 37 岁至 42 岁，是学术生涯的中期阶段，学术发表平缓上升，并有一次学术产出的高峰出现；第三阶段是 43 岁至 60 岁的成熟期，学术发表走势平稳，且有小的峰值出现；第四阶段是 60 岁以后的总结期，学术发表起伏较大，也将是学者一生积累转化为成果产出的辉煌时期。

---

[1]　Robert T. Blackburn & Janet H. Lawrence, *Faculty at Work*: *Motivation*, *Expection*, *Satisfaction*, The John Hopkins University Press, 1995, pp. 35 – 42.

[2]　林曾：《夕阳无限好——从美国大学教授发表期刊文章看年龄与科研能力之间的关系》，《北京大学教育评论》2009 年第 1 期。

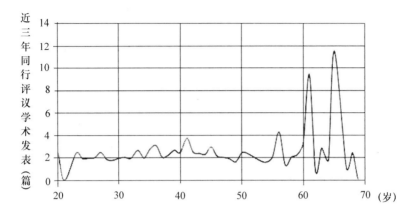

图4—2　年龄与学术发表

从图4—3可以看出，引入了性别作为控制变量之后，年龄与科研成果发表的关系更加丰富。在35岁之前，男女教师的学术发表处于上升期，且在这一时间段中女性的学术发表增长比较平缓；36岁至40岁，男女教师的学术发表量仍然处于稳定增长中，并且在这一时期，男女学术发表量基本持平；在40岁至49岁，学术女性的学术发表明显低于男教师，而在50岁至55岁，女性出现了学术发表的峰值，其产出甚

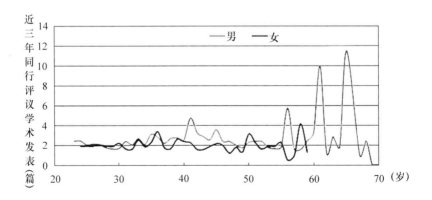

图4—3　年龄与学术发表（性别为控制变量）

至出现了高峰；过了 55 岁以后，虽然在个别年龄点上，女教师出现较高的发表量之外，但在这一时间段里的大多数时期，女教师的学术发表却呈现出相对的低谷，男教师的学术发表出现了几个较高的峰值，并且学术发表一直持续到 70 岁左右。可以看出，与男教师相比，女教师的学术生涯相对短暂，在学术产出上也明显低于男教师。

3. 学科、学历、院校特征作为分组变量后的年龄与学术成就的关系

学术产出是可以随着年龄的增长不断变化的。每个人的情况虽然各不相同，但是，社会大多数人平均起来，总有一个最佳年龄区，并且最佳年龄区在历史上是移动的。对古今中外著名科学家科学发明年龄的统计，完全证实了这一点。比如，当代科学家发明的最佳年龄区就是 25 岁至 45 岁，峰值年龄在 37 岁左右。① 图 4—4 描述的是引入了学科领域作为控制变量时，年龄与学术发表的关系。从图 4—4 中我们可以看到，自然科学和工程科学领域的教师学术发表起伏最大，在不同的阶段都有峰值出现；在 35 岁之前，自然学科教师的学术发表一直处于上升阶段，并在 35 岁至 45 岁出现若干个小小的高峰，此后直到 55 岁左右，学术

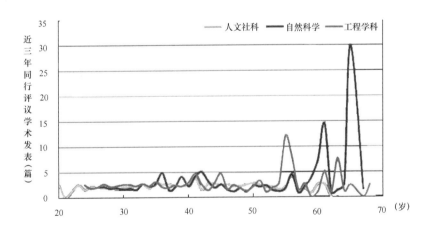

图4—4 年龄与学术发表（学科为控制变量）

---

① 赵红州：《科学能力学引论》，科学出版社 1984 年版，第 8 页。

发表量一直处于一个比较平稳的发展阶段；相对于工程学科和自然科学学科，人文社会学科教师的学术发表没有较大的波澜起伏，在56岁左右有一个峰值出现。人文社会学科与自然科学、工程学科的研究领域和研究对象的差异是造成这种局面的主要原因，人文社会学科领域的研究对象决定了长期学术积累的重要性。

引入学历作为控制变量之后，年龄与学术发表的关系如图4—5所示。最高学位为博士的教师其学术发表在40岁左右增长速度很快，在近60岁时有个耀眼的峰值，在其他时期，随着年龄的增长，学术发表也一直处于平稳增长状态，并且最高学历为博士的教师的学术发表量一直高于最高学历是硕士和本科学历的教师，这一点并不随着年龄的积累而有所改变；最高学历为硕士的教师的学术发表在35岁之前一直处于上升阶段，并在31岁和35岁左右出现了两个高峰，此后直到50岁左右，学术发表量一直处于一个平稳上升的发展阶段，在51岁至55岁之间，最高学历是硕士学历的教师的学术发表又呈现出平稳增长态势，在62岁以后有

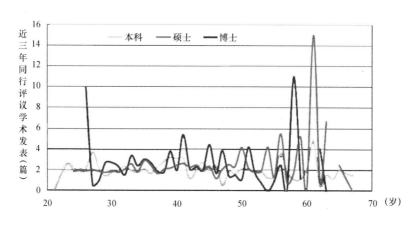

图4—5 年龄与学术发表（最高学历为控制变量）

两个较大峰值出现；相对于最高学历为博士学历和硕士学历的教师，最高学历为本科的教师的学术发表在38岁之前略有起伏，但是一直处于比较低迷的态势，39岁至46岁，虽然有缓慢的增长但是波动较大，47岁至56岁，其学术发表量比较稳定，并在56岁和63岁左右出现了较大峰值。

总的来说，尽管最高学历之间的学术发表存在较大差异，但是年龄的累计作用仍然十分明显，尤其是对于最高学历为本科和硕士的教师来说，在 40 岁之前，硕士学历的教师学术发表明显高于本科学历的教师；但是 40 岁以后，年龄的累计优势开始突显，最高学历为本科、硕士和博士的教师的学术发表均有不同程度的辉煌点出现。

引入院校类型作为控制变量之后，年龄与学术发表的关系如图 4—6 所示。央属高校的教师其学术发表在 30 岁至 70 岁有达到数个巅峰值，在 45 岁至 65 岁不仅学术发表有数个峰值，且在 60 岁前后达到学术生涯学术成果的顶峰。地方本科院校的教师中，随着年龄的增长，教师的学术发表跌宕起伏，增长趋缓但有不断增加的趋势，在 60 岁左右达到人生的峰值。总的来说，引入院校类型作为控制变量之后，年龄对大学教师学术发表的作用仍然十分明显。

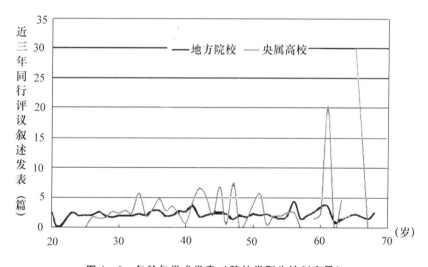

图 4—6　年龄与学术发表（院校类型为控制变量）

（二）家庭背景与高校教师学术发表的关系

关于家庭背景与职业成就关系的研究主要集中在教育在促进社会流动或代际流动中的重要作用。在逐步走向市场化和工业化的中国城镇，虽然家庭背景这一先赋性因素对子女社会地位依然具有不可忽视的影响，但子女教育这一后致性因素对其工作状况的影响力更强，子女受教育年限的增加有利于其摆脱家庭背景的限制，在劳动力市场上寻觅到更好的工作位置。[1] 吉登斯认为教育是原有生产关系的复制工具，显示社会的不平等通过教育得以代代传递。吉登斯对一些管理人员出身背景的研究表明绝大多数的企业领导人来源于具有经济优越背景的家庭，政治领袖和高级公务员的家庭出身背景也是如此。[2] 为了探究女性低学术成就的原因，有学者从社会文化及女性家庭角色的角度进行剖析学术女性之所以在学术上难以获得较高的成就，根本原因在于学术女性在结婚、养育子女中投入了较多的精力，有学术女性称在获得终身教职之后，自己愿意将更多的精力投入到家庭中去；更有甚者，一些未得到终身教职的学术女性甚至愿意离开学术领域或者放弃追逐终身教职职位而把更多的精力投入到家庭中去。这一研究观点在琳达等人的研究中并未得到支持。琳达等通过对1989—1990年美国高等教育机构中教师调查的数据的分析，认为家庭因素如婚姻、抚育子女、赡养老人、家庭压力和经济压力等对学者的学术产出几乎没有影响。[3] 可见，家庭背景对学术产出的影响仍然是一个复杂的且存在争议的课题，社会文化不同那么家庭背景对学术产出的影响也必然存在差异。中国传统文化中女性多扮演着家庭角色，改革开放以来，伴随着女性社会地位和受教育程度的提高，高校女教师的数量也在不断攀升，然而学术女性的职业成就普遍低于男教师也是不争的事实。因此，本节拟从我国大学教师的婚姻家庭（配偶工作、配偶受教育程度、家务劳动时间）、父母受教育程度等家庭背景因素的角度探讨其对学术发表的影响作用。

1. 婚姻状态与高校教师学术发表的关系

从心理学角度来说，成就动机会影响学术产出，而不同的学者成就动机不同，并且在不同的职业生涯阶段，学者的成就动机也存在差异，

---

① 郭丛斌、闵维方：《教育：创设合理的代际流动机制——结构方程模型在教育与代际流动关系研究中的应用》，《教育研究》2009年第10期。

② 郭丛斌：《教育与代际流动》，北京大学出版社2009年版，第117页。

③ Linda J. Sax, Linda Serra Hagedorn, Marisol Arredondo, and Frank A. Dicrisi Ⅲ, "Faculty Research Productivity: Exploring the Role of Gender and Family-Related Factors", *Research in Higher Education*, Vol. 43, No. 4, August 2002, pp. 423 – 446.

而在人生中的关键事件如婚姻和抚育子女以及终身教职和退休等被称为是引起学者动机变化的重要因素。[1] 贝拉斯等人在其《教师的工作时间分配与研究生产力：性别、民族和家庭的作用》一文中的研究结论称，家庭状况如婚姻或配偶状况对高校教师的研究产出具有显著的作用。[2] 而在家庭与研究产出的具体关系中，相对于已婚或者已有孩子的男教授，相同状况下的女教授对家务劳动的投入更多，而这也是他们学术产出差异显著的重要原因。[3] 对于婚姻导致女教师研究产出低下的结论，卡尔等提出了不同的观点，已婚学术女性与未婚学术女性在学术发表方面并无显著差异。[4] 由此看来，婚姻及配偶状况与研究产出的关系是比较复杂的，那么，我国大学教师的研究产出与婚姻状况之间存在何种关系？具体分析结果如图4—7所示，在不考虑其他因素对学术发表间接影响的情况下，已婚教师的学术发表远高于未婚教师的学术发表；但是结婚与年龄密切相关，因此，必须将年龄作为控制变量，考察婚姻与学术发表的关系。在控制年龄之后，虽然各年龄段教师中已婚教师的学术发表多于未婚教师的学术发表，但是统计意义上的差异显著性检验结果表明，结婚与否对这一年龄段教师的学术发表的影响并不显著。当性别作为控制变量时，对男教师来说，已婚教师和未婚教师的学术发表依然差异显著，女教师群体中婚姻状况并不影响其学术发表。总的来说，婚姻状况对学术发表存在一定的影响作用，成就一个和谐美满的家庭对大学教师的学术事业有一定的积极作用。

图4—8描述的是配偶工作情况、配偶是否是学者和配偶受教育程度与学术发表之间的关系。首先看配偶工作与学术发表的关系，描述统计结果显示配偶全职工作、兼职工作和没有工作的教师的学术发表依次

①　Robert T. Blackburn & Janet H. Lawrence, *Faculty at Work: Motivation, Ecpection, Satisfaction*, The John Hopkins University Press, 1995, p. 35.

②　Bellas, M. L., and Toutkoushian, R. K., "Faculty time allocations and research productivity: Gender, race and family effects", *The Review of Higher Education* 22, 1999, pp. 367 – 390.

③　J. Jill Suitor, Dorothy Mecom and Ilana S. Feld, "Gender, household labor, and scholarly productivity among university professors", *Gender Issues*, 2001, Volume 19, Number 4, pp. 50 – 67.

④　Cole, J. R., Zuckerman, H., *Marriage, motherhood and research performance in science*, Scientific American, 1987.

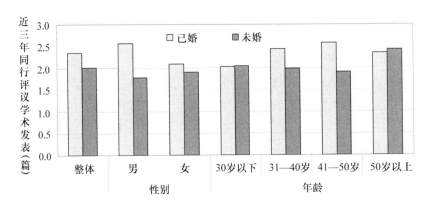

图4—7 婚姻与学术发表（性别和年龄分别作为控制变量）

升高。再看配偶是否是学者与学术发表的关系，配偶是学者的教师的学术发表比配偶不是学者的教师的学术发表略低，但是二者的统计意义上的差异并不显著。图4—8还描述了配偶受教育程度对学术发表的影响。有意思的是，配偶接受教育的层次与大学教师近三年的学术发表呈现一定的正相关关系，配偶为未接受过正规教育的教师学术发表量最低，然而，统计意义上的差异显著性结果表明，无论配偶的受教育程度如何，对教师的学术发表均没有显著影响。

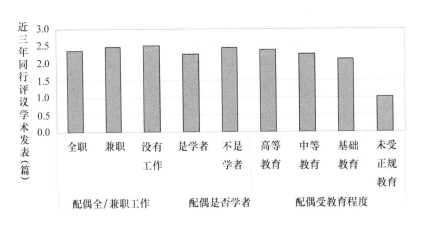

图4—8 配偶工作、受教育程度与学术发表

2. 家务劳动时间对高校教师学术发表的影响

马克思经济理论中对时间的剖析可作为本节研究的理论基点。他在《政治经济学的批判》中，将时间节约和时间分配定位为首要经济规律，"真正的节约（经济）＝劳动时间＝发展生产力"[1]。节约时间，就要对生产活动中的时间进行核算，以求在一定的时间里完成更多的工作量。对时间核算和降低时间成本的强烈要求，来自马克思所发现的社会必要劳动时间决定的、为社会所承认的社会价值的经济机制。马克思所提出的"时间价值"和"时间节约"等思想和论述表明：时间是一种重要的资源，在现代科技工作者的各种活动中要重视时间资源，提高时间的利用效率。

盖瑞·贝克对时间分配理论的研究成为西方相关调查研究的经典依据之一。他的理论基于这样的一个假设：家庭既是生产者也是消费者，它依照公司传统理论中的成本最小化原则，将商品和时间的输入结合起来产生日用品。他运用经济学理论，从被放弃的收入的角度解释了工作以外各类活动的时间分配价值，从理论上分析了工资、其他收入、商品价格、工作生产力和时间消耗的变化对于时间分配和日用品生产的影响。他认为，时间分配、商品和日用品的再分配这三种分配紧密相关。[2] 他的理论为后来的研究提供了新的视角和框架。

表4—3　　　　**家务劳动时间与学术发表的均值差分析**　　　　单位：篇

I	J	整体 均值差（I-J）	男 均值差（I-J）	女 均值差（I-J）
1 小时以下	1—2 小时	0.402（0.013 **）	0.351（0.153）	0.058（0.718）
	2—3 小时	0.308（0.109）	0.412（0.217）	－ 0.239（0.169）
	3 小时以上	0.023（0.934）	－ 0.004（0.994）	－ 0.372（0.094 *）
1—2 小时	2—3 小时	－ 0.094（0.607）	0.061（0.854）	－ 0.296（0.045 **）
	3 小时以上	－ 0.380（0.155）	－ 0.355（0.502）	－ 0.430（0.034 **）
2—3 小时	3 小时以上	－ 0.286（0.320）	－ 0.416（0.469）	0.296（0.531）

说明：均值差之后的括号中是 Sig. 值，* P ＜ 0.1，** P ＜ 0.05，*** P ＜ 0.01（以下同）。

---

[1]　《马克思恩格斯全集》（第26卷），人民出版社1972年版，第181页。

[2]　Gary S. Becker, *A theory of the allocation of time*, *The Economic Journal*, 1965, pp. 493 – 517.

　　在时间分配研究中，家务劳动时间是除工作时间之外的重要部分，在每天有限的24小时中，对家务劳动时间的投入会挤占工作时间和休息时间，对家务劳动时间投入越多，可能在工作中投入的时间和精力就越少。我们的研究显示，随着家务劳动时间的增加，教师的学术发表略有起伏，但对家务劳动时间投入的长短并不影响教师的学术发表。正如上述分析中所说，由于传统的性别角色不同，男女教师在家务劳动上花费的时间和精力也会有所不同，表4—3描述了控制了性别之后的家务劳动时间长短与学术发表量的差异之间的关系。可以看到，在男教师中，随着家务劳动时间的增加，教师的学术发表量随之降低，每天做1—2小时家务的教师和每天做2—3小时家务的教师，以及每天做2—3小时家务的教师与做3小时以上家务的教师，在学术发表量方面的差异均不显著；在女教师中，每天家务劳动时间在3小时以内的三个时间段中，随着家务劳动时间的增加，教师的学术发表量呈缓慢上升趋势，每天家务劳动时间在3小时以上的教师的学术发表量略低于家务劳动时间在1小时以下的女教师，并且统计意义上的差异显著性检验结果表明，家务劳动时间的长短对女教师的学术发表量具有一定的影响（如表4—3所示）。可见，家务劳动时间对学术女性事业发展的影响是复杂的，从家庭传统角色的担当方面讲，学术女性确实比男教师承担了相对较多的家庭角色，家务劳动是家庭角色中的一项重要活动，但是并不一定在家务劳动中花较多的精力就会影响其学术发表的质量与水平，如何平衡二者之间的关系，是一项值得深究的课题。

　　3. 父母受教育背景对高校教师学术发表的影响

　　在教育与社会流动或代际流动的关系研究中，通常将父母的职业、经济收入、受教育程度等对子女的受教育程度、社会流动等的影响与作用作为重点研究的内容。在我国探讨最多的是父母受教育背景与子女接受高等教育的机会以及与毕业生就业之间的关系。文东茅的研究分析了家庭背景对其高考成绩和入学机会的影响。从直观的描述统计可以看出，尽管都是本科毕业生，但家庭背景不同，当年的高考成绩并不一样，高考成绩随父亲学历层次由高到低而递减。以毕业生父亲的学历层次作为反映家庭背景的指标进行分析也可以发现类似的结果，父亲受过专科以上教育者的升学率和落实率分别为 22.6% 、74.2% ，起薪月收入为 1657 元；而父亲只受过小学及以下教育者这三项分别只有 12.2% 、60.8% 及 1400 元。[①] 姚先国等人的研究也证实了父母受教育程度对子女受教育的影响，他们的研究结论称"父亲的受教育情况对男孩教育的影响比对女孩的影响要大得多，而母亲受教育情况对男孩或女孩教育的影响相差不大"。[②] 本书的研究对象为已经接受了高等教育并获得了较好的职业的人——大学教师，那么父母受教育程度对其职业成就是否也有一定的影响呢？本节将探讨我国大学教师这一群体中，父母的受教育程度对大学教师职业地位的影响作用。父母受教育程度与大学教师学术发表之间的关系如图 4—9 所示，可以看出，父亲受过高等教育和未接受过正规教育的教师的学术发表量均比较高，但是统计意义上的差异显著性检验结果表明，父亲受教育程度对大学教师学术发表的影响并不明显。

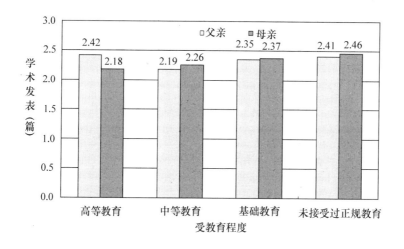

图 4—9　父母受教育程度与大学教师的学术发表

①　文东茅：《家庭背景对我国高等教育机会及毕业生就业的影响》，《北京大学教育评论》2005 年第 3 期。

②　姚先国、黄志岭、逯岩：《家庭背景与子女高等教育的关系》，《山西财经大学学报》（高等教育版）2006 年第 1 期。

　　通过描述统计分析结果可见，父母受教育程度与大学教师学术发表之间的关系并不密切，虽然描述统计结果中父亲受过高等教育对大学教师学术发表有着一定积极的作用。但从父母受教育程度与大学教师学术发表的级差分析结果来看，父母受过中等教育、基础教育和未受过正规教育的大学教师的学术发表却依次增加，显然这其中不仅是父母受教育程度的单独作用。可能的解释是，受到我国高等教育发展历史的影响，新中国成立之初，高等教育机构处于起步阶段，之后"文化大革命"期间，高考中断，直至1977年恢复高考，在高校工作的教师的父辈大多数在20世纪80年代之前接受正规教育，因此，这也可能是大学教师父母受教育程度普遍不高的可能原因之一。通过对大学教师父母受教育背景的进一步分析，我们发现，虽然不同年龄段的大学教师的父母受教育程度略有不同，但不难发现其中的一致之处，约有3/4的大学教师父亲受教育程度为中等教育及以下，并且随着大学教师年龄的增加，父亲未受过正规教育的教师比例也随之增加。不同年龄段的大学教师群体中，母亲受过高等教育的教师比例更少，且伴随着大学教师年龄的增加，母亲未受过正规教育的大学教师比例最高达39.2%。这足以表明，父母受教育程度与大学教师工作地位的获得以及学术发表之间的关系可能受到时代因素的制约。

　　总的来看，父母受教育程度对大学教师的学术发表的作用并不十分显著。这也表明，不同社会条件下，父母受教育程度对下一代受教育程度、职业获取可能会产生不同的影响，但是下一代在职业中的发展和取得成就的大小，与下一代人在该职业中的发展及其自身工作努力的关系更加密切，而父母受教育背景的影响却随着大学教师工作年限的增长而逐渐减弱。

（三）多元线性回归分析结果

　　通过上述描述统计分析结果，我们对个人背景与高校教师学术发表的关系已经有了初步了解，为了更深入分析二者之间的关系，本节中对影响高校教师学术发表的个人背景因素作了回归分析，依此判断诸多个人背景因素对高校教师学术发表的影响是否显著以及对因变量高校教师学术发表的作用程度。

表4—4　　　　　　　　学术发表影响因素的线性回归分析　　　　　　单位：篇

自变量	B	Std. Error	Beta	t	Sig.
常数项	0.627	0.882		0.710	0.478
性别虚拟	0.576	0.196	0.067	2.936	0.003 **
年龄	0.020	0.012	0.036	1.658	0.097 *
配偶受教育虚拟1	1.094	0.706	0.073	1.549	0.122
配偶受教育虚拟2	0.576	0.765	0.035	0.752	0.452
配偶工作虚拟	−0.045	0.340	−0.003	−0.133	0.894
配偶学者虚拟	−0.167	0.185	−0.019	−0.904	0.366
家务劳动时间虚拟1	−0.402	0.219	−0.047	−1.841	0.066 *
家务劳动时间虚拟2	−0.202	0.261	−0.020	−0.775	0.438
家务劳动时间虚拟3	0.006	0.363	0.000	0.018	0.986
父亲受教育虚拟1	0.478	0.316	0.049	1.513	0.130
父亲受教育虚拟2	0.072	0.251	0.008	0.287	0.774
母亲受教育虚拟1	−0.474	0.364	−0.038	−1.303	0.193
母亲受教育虚拟2	−0.234	0.254	−0.025	−0.919	0.358

R^2：0.011，Adjust R^2：0.005，F 值为 1.962，Sig. 值为 0.020

逐步回归最终结果					
性别虚拟	0.622	0.183	0.072	3.400	0.001 ***
年龄	0.021	0.012	0.037	1.734	0.083 *
配偶受教育虚拟1	0.551	0.318	0.037	1.732	0.083 *
家务劳动时间虚拟1	−0.319	0.178	−0.037	−1.791	0.073 *

R^2：0.009，Adjust R^2：0.007，F 值为 5.081，Sig. 值为 0.000，

* P<0.1，** P<0.05，*** P<0.01（以下同）

　　从对回归方程中回归系数的显著性检验结果来看（如表4—4所示），个人背景因素如人口统计学特征（性别和年龄）、家庭背景（配偶受教育程度、家务劳动时间长短）对大学教师的研究发表均有显著影响，而家庭背景中的配偶是否为学者、是否全职工作和父母受教育程度等对大学教师的学术发表并没有显著的影响。具体来说，控制引入的其他自变量不变的情况下，男教师的学术发表比女教师高出约0.6篇；

年龄每增加一岁，大学教师的学术发表就会多出 0.02 篇；配偶受过中等教育的大学教师的学术发表比配偶受过基础教育及以下的教师的学术发表高出 0.5 篇；家务劳动时间为 1 至 2 小时的大学教师的学术发表比家务劳动时间在 1 小时以下的教师的学术发表低 0.3 篇。

从标准化回归系数来看，对大学教师学术发表影响程度最大的是性别，其他三个变量对因变量的影响程度一致；从标准化回归系数的正负值来看，仅有家务劳动时间为 1—2 小时（以家务劳动时间在 1 小时以下为参照）对学者近三年的学术发表具有负面作用。

总的来说，本章从描述统计分析到回归分析逐步深入地分析了个人背景、婚姻与配偶情况和父母受教育背景等因素对大学教师学术发表的影响。具体研究结论有如下三点。

第一，个人背景对大学教师学术发表的影响显著。个人背景如性别和年龄对学者研究产出以及职业发展的影响一直是西方研究关注的热点，学术女性的职业发展瓶颈如"玻璃天花板"现象和低职业成就的分析更是不胜枚举。事实上，在职称结构的性别差异上已经显示，女性在副教授及以下职称的教师比例要高于男性，也就是说，仅少数女性能够获得教授职位，所以，本书回归分析的结论也证明了男大学教师在学术事业中处于优势地位。同时，更加不容忽视的是学术女性职业生涯的短暂，在我国事业单位女职工的退休年龄为 55 岁，而对学术人的职业生命来说，55 岁左右正是一生中学术积累到一定程度的时候，而这时却要面临退休离开学术环境，对于知识和人力来说都是非常大的损失和浪费。而年龄对高校教师学术发表的影响是不容置疑的，从青年时期的努力追赶，到中年时期的小有成就，到晚年时期的厚积薄发，可以说高深知识的时间累积效应在大学教师身上留下了深深的印记。结合这两个方面来说，学术界及社会更应该关注学术女性的事业发展。

第二，配偶受教育程度和配偶工作状况与大学教师的学术发表具有一定的相关关系。配偶受教育程度对学术发表的作用非常显著，并且相对于配偶低学历的教师来说，配偶的学历越高对教师本人的学术发表越有积极的促进作用。同时配偶是全职或兼职工作对大学教师的学术发表也比较重要，配偶是全职、兼职工作或者是没有工作均对大学教师的学术发表没有显著影响。家务劳动时间的长短也是影响大学教师学术发表的重要因素，每天家务劳动的时间越长，大学教师用于工作的时间就相应减少，而没有时间保障的学术和科研方面的精力投入，研究产出的数量和质量必然受到消极的影响，因此，相应减少一定的花在家务等非工作上的时间投入、提高工作时间利用率等对大学教师的工作产出具有积极的促进作用。

　　第三，父母受教育程度对大学教师职业成就获得的影响在本书中未得到印证。而在西方国家，父母受教育程度从某种程度上代表着其父母在社会中处于什么阶层，这对子女的受教育程度和职业去向以及职业发展都会有一定的影响，而本书的研究对象——大学教师群体其父母受教育程度对大学教师的职业成就取得的影响十分微弱。这也正说明，中国的社会制度让不同阶层的人都有机会接受高等教育，实现阶层的向上流动，也表明，在大学教师迈入工作以后，其成就高低受到父母和家庭影响的程度越来越弱，而是受个人工作情况和工作环境制度的影响比较强，之后的回归分析结果也证实了这一点。

第五章　影响高校教师学术
发表的工作因素

　　个人和家庭背景对高校教师学术发表的影响固然非常重要，然而这些先赋性因素只是影响高校教师学术发表的部分因素，并且随着年龄的增加，先赋性因素如父母受教育程度等对高校教师学术发表的影响会越来越弱，而后致性因素的影响作用则会增强。因此，从本章开始，将通过理论分析和实证研究，深入探讨后致性因素即大学教师的工作因素与高校教师学术发表的关系，分析工作状况等对高校教师学术发表的影响与作用情况。

　　每一位教师有自己的职业发展目标和需求，同样地，每一个组织也有自己的组织发展目标和使命，组织制度和政策无时无刻不影响着该组织中员工的工作理念、工作行为选择和工作结果等状况。社会学制度主义理论认为："制度影响个人的偏好，制度先于个体；个人受认知能力的限制，不是完全理性的行动者，个人不能在制度、程序和规范之间自由选择。个人的理性能力受时间、信息和能力的限制，不完全清楚自己的最大利益是什么，个人的选择受文化这一制度因素的塑造。"① 社会学制度主义理论的观点认为制度决定个人的行为选择和行为表现，而事实上，作为具有独立思维能力的个体，每一位员工的行为选择和行为表现都受到个人主观因素的作用，其行为是个人理性选择的结果。综合以上两种观点，作为大学组织中的重要构成，教师在工作中的行为表现是个人因素和组织政策与制度因素共同作用的结果，且教师的工作理念、

---

　　① 王应密：《中国大学学术职业制度变迁研究》，博士学位论文，华中科技大学，2009年，第26、35页。

工作行为表现是影响其工作产出成果的最直接的要素。而工作产出成果如大学教师学术发表的衡量多数情况下是建立在学术产出结果的基础之上的。可以说在组织环境和教师个人倾向作用下的教师工作情况如工作理念、工作行为、工作压力感等对高校教师学术发表产生最直接的作用。在本书中影响因素"工作状况"主要指教师的工作时间投入（教学、研究和管理工作的时间投入）、职业兴趣（偏向教学还是科研）、研究合作（个人独立进行还是与他人合作）和研究理念（强调基础研究还是应用研究等）、工作压力和工作负荷感等。

一　工作背景

工作情况是一个比较笼统的表述，本书中的工作情况主要指教师在学术工作中的行为表现以及对教学和科研等工作的态度和认识。具体来说主要包括教师的教学科研时间投入、工作兴趣、工作投入时间长度、研究合作及对各种研究所持态度、工作压力及工作负荷感等方面。

（一）职业兴趣

兴趣是一个心理学上的概念，在心理学中，兴趣主要是指人们力求认识某种事物和从事某项活动的意识倾向，它表现为人们对某件事物、某项活动的选择性态度和积极的情绪反应。兴趣往往决定了一个人的行为动向。同样地，如果一份工作有选择的空间，那么在这份工作中教师如何分配其工作时间也反映了他在不同工作活动中的兴趣偏好。从大学的职能来说，教学和科研永远是大学教师工作的两个核心。著名的教育家纽曼认为"大学以传播和推广知识而非扩增知识为目的"，"科学和哲学发现"并不是大学的目的。[①]洪堡思想的诞生使科研成为大学的另一重要使命，并使德国的高等教育在 19 世纪跃居世界最高水平。因此，在本书中将大学教师的工作兴趣分为教学和科研两类，分别从主观和客观两个角度考察高校教师教学和科研工作的兴趣倾向。主观方面用教师

---

① ［英］约翰·亨利·纽曼：《大学的理想》（节本），徐辉、顾建新、何曙荣译，浙江教育出版社 2001 年版，第 1 页。

对教学科研偏好的主观判断来衡量，客观指标从教师在工作中对教学、科研等的时间投入情况来考察。

从教师工作兴趣的主观指标来看（如图5—1所示），整体上来说，大学教师的工作兴趣中，倾向于教学和倾向于科研的教师比例基本持平，主要工作兴趣为研究的教师比例略高于主要兴趣为教学的教师比例；按照院校类型来看，"985工程"大学的教师教学和科研兼顾且倾向于研究的教师比例明显高于本类型院校中教学和科研兼顾且倾向于教学的教师比例，"211工程"大学的教师教学和科研兼顾且倾向于研究的教师比例略高于本类型院校中教学和科研兼顾且倾向于教学的教师比例，地方本科院校的教师教学和科研兼顾且倾向于研究的教师比例明显低于本类型院校中教学和科研兼顾且倾向于教学的教师比例，"985工程"大学、"211工程"大学和地方本科院校教师教学和科研兼顾且倾向于研究的教师比例依次降低，教学和科研兼顾且倾向于教学的教师比例依次升高，院校组织的使命在教师的工作兴趣中可见一斑。

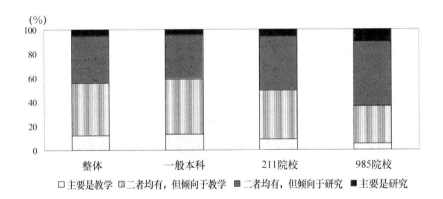

图5—1　院校类型与工作偏好

我们对全国教师进行的调查显示，56.4%的教师的工作兴趣主要在教学或倾向于教学；此外，如果探讨不同职称级别的教师的工作兴趣，可以看出，教授职称是一个拐点，副教授、讲师和助教职称的教师工作兴趣主要在研究或倾向于研究的教师比例分别为43.1%、40.7%和40.8%，而教授职称的教师工作兴趣主要在研究或倾向于研究的教师比例陡然升高，达

58.1％。哥伦比亚大学教授李·诺菲肯普曾要求把学术生涯比喻成"季节"。她指出，教师可以改变其兴趣，"在其职业生涯中多次修正其任务、挑战、阶段、舞台——季节。世界上不存在一个适合任何人的节奏"，构成这种节奏基础的是根植于每个个人生活模式中的力量。

表 5—1　　　　不同专业技术职务及讲授课程层次的教师的职业偏好　　　单位：%

		职称				讲授课程		
		助教	讲师	副教授	教授	本科	硕士	博士
工作兴趣	主要是教学	10.3	15.0	13.3	4.4	12.2	10.9	7.4
	二者均有，但倾向于教学	46.6	44.3	45.9	37.5	44.8	45.6	37.2
	二者均有，但倾向于研究	37.9	37.0	36.5	52.3	39.2	37.4	46.3
	主要是研究	5.2	3.7	4.3	5.8	3.7	6.1	9.1

在探讨教师工作兴趣的客观衡量指标——教师在工作中的时间投入与时间分配情况之前，我们必须明确界定本书中教师工作时间的界定、工作时间的分类依据等问题。首先，在探讨教师工作时间时，一个最大的问题是教师的哪些活动应该包括在工作时间之中。狭义上，教师工作时间是指指定给教师的教学工作时间及其相关活动的时间总和。而大多数情况下，广义上的高校教师的工作时间指的是高校教师在学校里从事与职责、责任和兴趣相关的所有活动的时间和[①]，它包括准备教学、课堂教学、组织课程考试、指导毕业生论文、研究或创造性的工作、提供专业咨询和服务、管理、专业阅读、参与其他学术组织活动等等。到了21 世纪，高校教师工作时间的含义已经和以前有很大的不同，教师的工作时间涉及教师的全部工作，包括教师的教学、科研和服务。并且，美国关于高校教师工作时间的许多研究结果显示，高校教师每周工作总时间超过了 50 小时[②]，并且，近年来对高校教师工作时间的调查数据都无一例外地印证了这一结论。其次，教师的工作时间如何分类？在有

[①]　Yuker, Harold E. , *Faculty Workload: Research, Theory, and Interpretation*, ASHE-ERIC Higher Education Report, No. 10, 1984.

[②]　Ibid. .

关高校教师工作时间研究的最早的一篇论文中，教师的工作时间仅指教学工作时间，而随着教师职能的扩展，高校教师工作时间的含义不断变化，在其后的研究中对高校教师工作时间的分类方式非常多。如约克将教师工作时间分为 7 类，包括教学时间、与学生交互时间、研究、发表和创造性活动时间、职业发展、机构服务、公共服务和个人活动时间[①]；以后的研究文献中通常将教师工作时间分为教学、研究和服务工作时间三类[②]；另外，还有部分学者如西盖尔等的研究中将高校教师的工作时间分为四部分：教学、研究、服务和闲暇时间[③]；米勒姆等研究了1972—1992 年约 20 年间美国高校教师的时间分配情况，他们把高校教师的工作时间分为教学（包括花在准备教学上的时间）、研究和学术论文写作时间、咨询及与学生交流的时间[④]；林克等对美国研究型高校教师的工作时间分配进行了研究，在其研究中将高校教师的时间分为教学、研究、有报酬的学术论文写作和服务四种类型。[⑤]

最近几十年，对高等教育的关注聚焦在了教师的工作方面，教师的工作时间及其分配受到高等教育系统内外部的密切关注。约克的研究指出，影响教师工作时间的因素包括人口统计学因素（学科、国别和机构类型）、教学日程安排（班级大小、课程层次、课程类型、参与度）和个性特征因素（职称、性别和个性特征）等[⑥]；西盖尔等的研究指出高校类型、机构的使命和责任以及教师的个性特征（如性别、婚姻状

---

① Yuker, Harold E., *Faculty Workload: Facts, Myths, and Commentary*, ERIC/Higher Education Report, No. 6, 1974.

② Serpe Richard T. and Others, *CSU Faculty Workload Study. Final Report*, http://www. eric. ed. gov/PDFS/ED348917. pdf.

③ Singell, Larry D. Jr., Lillydahl, Jane H., Singnell, Larry D. Sr., "Will Changing Times Change the Allocation of Faculty Time?" *The Journal of Human Resources*, Spring 1996, pp. 429 – 444.

④ Jeffery F. Milem, Joseph B. Berger, Eric L. Dey, "Faculty Time Allocation", *The Journal of Higher Education*, Jul/Aug 2000; 71, 4; Academic Research Library, p. 454.

⑤ Albert N. Link, Christopher A. Swann, Barry Bozeman, "A time allocation study of university faculty", *Economics of Education Review*, 2008, pp. 363 – 374.

⑥ Yuker, Harold E., *Faculty Workload: Research, Theory, and Interpretation*, ASHE-ERIC Higher Education Report, No. 10, 1984.

况、学科领域等）对教师的时间分配产生重要的影响。[1] 贝拉斯等的研究指出：性别、种族和家庭状况等对高校教师的工作时间分配具有一定的影响[2]；米勒姆等研究了 1972—1992 年约 20 年间美国高校教师的工作时间分配情况，其研究论文中对机构类型、教师是否具有博士学位、教师所属学科领域对教师时间分配方式的影响作了深入的分析研究，其主要结论是：高校教师投入到教学方面的时间并未减少反而有显著的增加，研究型高校的教师投入到研究方面的时间最多，其次是博士授予型高校[3]；林克等对美国研究型大学教师的时间分配进行了研究，其研究发现是：终身教职及其晋升制度对高校教师的时间分配具有影响；相对男性教师来说，女性教师花更多的时间在高校的服务上，在研究上花的时间较少。[4]

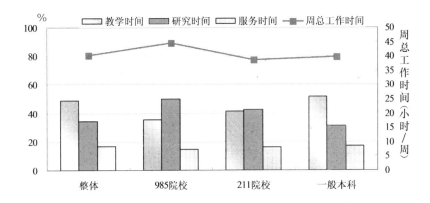

图 5—2 高校教师的工作时间投入及分配情况

① Singell, Larry D. Jr, Lillydahl, Jane H., Singnell, Larry D. Sr., "Will Changing Times Change the Allocation of Faculty Time?" *The Journal of Human Resources*, Spring 1996, pp. 429 – 444.

② Bellas, M. L. & Toutkoushian, P. K., "Faculty time allocations and research productivity: Gender, race and family effects", *The Review of Higher Education*, Volume 22, Number 4, Summer 1999, pp. 367 – 390, http: //muse. jhu. edu/login? uri =/journals/review_ of_ higher_ education/ v022/22.4bellas. html.

③ Jeffery F. Milem, Joseph B. Berger, Eric L. Dey, *Faculty Time Allocation* . The Journal of Higher Education, Jul/Aug 2000, p. 454.

④ Albert N. Link, Christopher A. Swann, Barry Bozeman, "A time allocation study of university faculty". *Economics of Education Review*, 2008, pp. 363 – 374.

我国高校教师的教学、研究和服务等工作时间长短和工作时间投入及分配结构如图 5—2 所示。"985 工程"大学的教师每周工作的时间最长，达 44.5 小时，"211 工程"大学和地方本科院校的教师每周工作时间分别为 38.6 小时和 39.7 小时。教师的工作时间分配结构的基本情况是：教学时间最多，研究时间次之，服务时间最少；然而院校类型不同，教师的工作时间分配结构也不一样，"985 工程"大学的教师研究时间所占的比例最高，占了工作总时间的 50.2%，教学时间和服务时间占总工作时间的比例分别是 35.5% 和 14.3%；"211 工程"大学教师的教学和研究时间基本持平，分别为 41.4% 和 42.5%，高于研究时间占总时间的比例（16.1%）；地方本科院校教师的教学时间占总工作时间的比例最高，达 51.6%，研究时间和服务时间占总工作时间的比例分别为 31.3% 和 17.1%。很明显的是，"985 工程"大学、"211 工程"大学和地方本科院校教师的工作时间分配结构具有如下特点：一是这三类大学的研究时间依次降低，地方本科院校教师用于研究的工作时间比例占总工作时间的比例最低，"985 工程"大学教师用于研究的工作时间比例最高；二是教学时间占总工作时间的比例刚好与研究时间的特点相反，地方本科院校教师用于教学的工作时间比例占总工作时间的比例最高，"985 工程"大学教师用于教学的工作时间比例最低；三是虽然服务时间占总工作时间的比例在"985 工程"大学、"211 工程"大学和地方本科院校中依次略有升高，但差异并不明显。

（二）大学教师的研究合作

有研究认为，作为院校的高等教育和作为其劳动力的教学科研人员在 20 世纪面临前所未有的变革。[①] 这种变革之中，不能被忽略的是信息技术所带来的革命性变化。现代教育技术的出现，使得运用信息技术检索学术信息拓展学术研究领域成为大学教师必须具备的一项基本技能。信息化使世界各国之间的距离日渐缩小，也使得各国以及本国各大学之间的沟通与合作更加便捷和密切。完全封闭式的研究已经不能适应

---

① ［美］希拉·斯劳特、拉里·莱斯利：《学术资本主义：政治、政策和创业型大学》，梁骁、黎丽译，北京大学出版社 2008 年版，第 1 页。

研究发展的需要，与同行沟通、交流、合作和碰撞开展研究和研究人员目前必须仅以独立方式进行研究的教师比例约为 19.4%（如图 5—3 所示），"985 工程"大学和"211 工程"大学的教师仅以独立方式开展研究的教师比例略低于地方本科院校的教师比例；与本单位合作开展研究的教师约占教师总数的 44.6%，"211 工程"大学和地方本科院校与本单位合作开展研究的教师比例明显高于"985 工程"大学的教师比例，而在与外单位合作开展研究方面，三种类型的高校教师所占教师总数的比例并无显著差异；比较明显的差异表现在以国际合作方式开展研究方面，"985 工程"大学、"211 工程"大学和地方本科院校的教师比例依次降低，"985 工程"大学以国际合作方式开展研究的教师比例占该类型高校教师总体的 1/4 左右，而地方本科院校仅有不到 1/10（7.4%）的教师以国际合作方式开展研究。

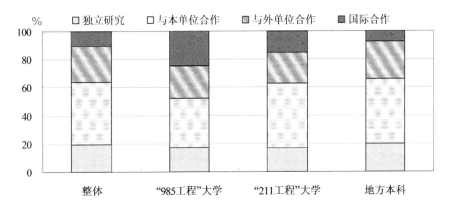

图 5—3　高校教师的研究合作

（三）对各研究类型所持观点

希拉·斯劳特等人研究了全球政治经济的增长与澳大利亚、加拿大、英国和美国国家高等教育政策的发展，他们发现这四国制定的政策推动了从基础研究或好奇心驱动的研究转向有目的、商业的或策略的研究；除了加拿大有可能是例外以外，这几个国家都正在从基础研究转向创业研究。① 近年来，我国高等教育也正逐渐开始关注学术生产力以及科技成果的转换，那么这种趋势给中国高校教师带来的影响和作用如何呢？图5—4描述的是中国高校教师对研究类型所持的观点。约有八成的教师认为应该强调基础研究，超过八成的教师认为应该强调应用研究，"985工程"大学强调基础研究的教师比例略高于"211工程"大学和地方本科院校，而在强调应用研究方面，"985工程"大学的教师比例略低于其他两类高校的教师比例；"985工程"大学中，强调商业定位和社会取向研究的教师比例均低于其他两类高校；在国际研究方面，"985工程"大学和"211工程"大学强调国际研究的教师比例明显高于地方本科院校；三种类型的高校教师在强调单学科和跨学科研究的观点基本一致，强调跨学科研究的教师比例约在80%。

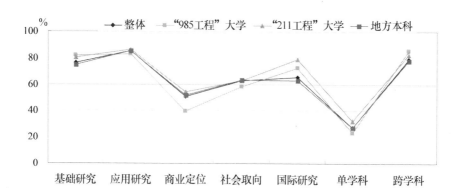

图5—4　院校类型与大学教师对各种研究的观念

（四）工作压力和工作负荷感

工作压力从心理学、社会学、组织行为学等各种学科领域和理论角度均得到相关研究，如果一个人长期在较高压力的环境下工作，不可避免地造成工作者的身体、心理和行为出现各种问题。在本书中，工作压力是指教师在工作中承受的负担超出了其所能承受的能力范围。纪晓丽

---

① ［美］希拉·斯劳特、拉里·莱斯利：《学术资本主义：政治、政策和创业型大学》，梁骁、黎丽译，北京大学出版社2008年版，第12—13页。

等认为工作压力通常可以分为外源压力（角色压力——角色冲突和角色模糊、工作本身的压力、人际关系、管理事务、工作条件和要求等）和内源压力（胜任力、成就感、职业发展和期望压力等）。他们的研究结论称高校教师总体上已经感受到工作压力越来越大，工作压力量由高到低的顺序排列为期望压力、工作任务本身的压力、职业压力、自身素质与成就感、角色压力。其中期望压力均值最高，均值为3.354，这是因为高校教师在其组织中地位的特殊性和重要性，无论是领导期望还是自身期望，都处于较高的水平，于是高期望伴随着高压力。职业压力的标准差最高，为0.172，这证明不同的高校教师对职业发展的要求有较大差异，一部分高校教师希望自己在高校有所发展，他们往往工作较为积极；另一类高校教师在晋升方面没有过多要求，只希望能稳定地在高校内工作到退休，此类高校教师往往工作较为消极。工作中的高校教师求发展和求稳定的比例都不小，分化明显，态度差异明显，所以高校对其管理也应有所不同。在工作压力两因素的分析中，外源压力均值为2.366，内源压力的均值为3.124，内源压力明显高于外源压力，这符合知识型员工的特点。所以组织对管理人员的内源压力给予高度重视。[①] 适当的工作压力有利于工作产出和工作绩效的提高，同样地，适当的工作负荷对工作绩效和产出具有积极帮助，当压力和工作负荷过小或过大时，都不利于工作产出和工作绩效的提高。在本书中用教师对工作压力的整体感知和对自己工作负荷的主观感知来观测教师的工作压力状况。如图5—5所示，约有过半的大学教师认为自己的工作压力大，约有近六成的大学教师认为自己的工作量超负荷。从不同院校类型的差异分析来看，"985工程"大学认为自己工作压力大的教师比例最高，"211工程"大学认为自己工作压力大的教师比例略高于地方本科院校的教师比例，但是二者的差别不大；在工作负荷感方面，仍然是"985工程"大学认为自己工作量超负荷的教师比例最高，"211工程"大学和地方本科院校认为自己工作量超负荷的教师比例虽然都低于60%，但是"211工程"大学教师认为自己工作量超负荷的教师比例为最低

---

① 纪晓丽、陈逢文：《工作压力对高校教师工作绩效的作用机制研究》，《统计与决策》2009年第16期。

（53.0%）。可见，教师的工作压力和工作负荷具有以下三个特点：第一，不管院校类型如何，绝大多数教师的工作压力和工作负荷都比较大；第二，"985 工程"大学教师的工作压力和工作超负荷显著高于"211 工程"大学和地方本科院校的教师；第三，"211 工程"大学和地方本科院校的教师工作压力和工作负荷趋于一致。

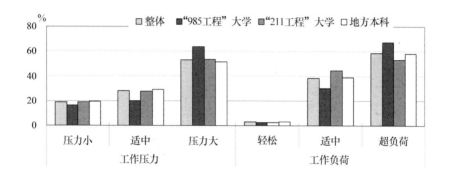

图 5—5　机构类型与大学教师的工作压力和工作负荷

罗杰·鲍德温和罗伯特·布莱克伯恩引用心理学家丹尼尔·莱维森著作中的话，把成人生活分成稳定和转变两个阶段。"在稳定阶段，成人追求相当明确的目标。但到一定阶段，人应当重新安排自己的重心，改变行为，以补偿被自我忽视的方面（如未竟的愿望、新产生的兴趣）。"博耶引用埃里克·埃里克森的说法，把成人的中年阶段说成是一个"生存活力"和"消极停滞"相互竞争的时期。埃里克森指出，生存活力火花常由新的重心、更大意义上的关注和达到、分享及占有的愿望引出，另外，消极停滞则来自孤独的情感、认为自己的工作无多大意义的看法。[1] 教师在职业生涯中同样经历这样的"季节"和"节奏"的变化。而这种变化往往深受工作中遇到的一些影响而变得较为复杂。例如，在当今情况下，年轻大学教师要想完全进入大学教师这一职业，

----

① 欧内斯特·L.博耶：《学术水平反思：教授工作的重点领域》，转引自国家教育发展研究中心《发达国家教育改革的动向和趋势》（五），人民教育出版社 1994 年版，第 49、50 页。

就必须接受在短期聘任的情况下，完成教学任务和发表论文与专著；而那些已经具备一定学术成就的教师则被要求定期发表一定量的学术论文和出版著作，同时这些教师们又被要求参与学院和学校里一些杂事、参加学校里某些委员会的工作。其中，颇耐人寻味的是，在我国，职称越高，工作压力和工作负荷也随之增加，超四成有助教职称的教师表示自己工作压力大，而约六成的职称为教授的教师认为自己的工作压力大。与此相应的是，超四成有助教职称的教师认为自己的工作超负荷，而认为自己的工作超负荷的有教授职称的教师比例高达 76.1%，同时，讲授本科课程的教师认为自己工作超负荷的教师比例为 60.0%，比讲授博士课程且工作超负荷的教师比例高出近 10 个百分点。

表 5—2　　　　　　　工作压力、工作负荷与教师的专业技术职务　　　单位：%

		职称				讲授课程		
		助教	讲师	副教授	教授	本科	硕士	博士
工作压力	压力小	24.4	18.8	15.6	16.6	19.2	19.6	25.6
	适中	34.4	25.9	26.3	26.2	28.5	27.9	29.5
	压力大	41.2	55.3	58.1	57.2	52.3	52.6	45.0
工作负荷	轻松	7.6	2.7	1.6	0.4	2.8	3.7	5.8
	适中	50.9	43.8	29.4	23.5	37.2	38.8	44.5
	超负荷	41.5	53.5	69.1	76.1	60.0	57.5	49.6

　　不可否认的是工作压力与工作负荷及专业技术职务存在一定的相关关系。其中，专业技术职务和讲授课程层次与工作压力和工作负荷的关系较为密切，且这种相关为正相关关系。

二　工作情况与高校教师学术发表的关系

（一）工作时间投入及分配与学术发表的关系

　　各种经验都表明，对一个教授毕生的职业表现的要求几乎是千篇一律的。教授对教学、科研等投入的时间长短往往是一个教师职业兴趣倾向和高校使命的体现。卡耐基基金会于 1989 年对美国全国教师进行的调查表明，80%的教授认为教学代表了他们的主要兴趣。另外，在研究型大学里，也有1/3的教师支持这种立场。① 然而，近20年国内外对大学教师工作时间分配的研究表明，今天的高校教师尤其是研究型大学的教师越来越倾向将工作时间投入到科研之中。

爱因斯坦曾说过"兴趣是最好的老师"，当从事教学或科研是源于发自学术人员内心的兴趣时，他必然非常乐意将自己的精力投入到教学或科研当中，并取得相应的成就。表5—3中的描述统计结果是对上述假说最好的解释。工作兴趣主要在教学方面的教师近3年的学术发表为2.1篇，教学和科研兼顾但工作兴趣倾向于教学的教师近3年的学术发表为2.2篇，工作兴趣倾向于研究和主要工作兴趣在研究上的教师近3年的学术发表分别为2.6篇和3.0篇，可以看出，工作兴趣倾向于研究和主要是研究的教师的学术发表明显高于工作兴趣主要是教学和倾向于教学的教师的学术发表量，而工作兴趣主要是教学和倾向于教学的教师的学术发表量差别不大，同样地，工作兴趣主要是研究和倾向于研究的教师的学术发表量的差别也不大。简言之，工作兴趣倾向于教学还是倾向于研究是教师学术发表量的一个分水岭，随着教师的工作兴趣从教学转移到研究，教师的学术发表量也随之显著提高。

表5—3   **职业兴趣与学术发表**   单位：篇

	Mean	Std. Deviation	Std. Error	95% Confidence Interval for Mean	
				Lower Bound	Upper Bound
主要是教学	2.1	2.671	0.135	1.804	2.335
二者均有，但倾向于教学	2.2	2.655	0.070	2.015	2.291
二者均有，但倾向于研究	2.6	5.218	0.146	2.290	2.864
主要是研究	3.0	6.552	0.501	1.965	3.944

众所周知，20世纪六七十年代以来，世界范围内的许多国家尤其

---

① 欧内斯特·L. 博耶：《学术水平反思：教授工作的重点领域》，转引自国家教育发展研究中心《发达国家教育改革的动向和趋势》（五），人民教育出版社1994年版，第49页。

是西方发达国家的高等教育投入具有下降的趋势，伴之而来的高等教育问责的兴起和对高等教育质量问题的日益关注，使大学教师的工作进入了社会和研究者的视野，并面临着众多质疑之声："对大学的投入值得吗？""大学教师认真工作了吗？""如何评价他们的工作？"有学者指出，高等教育质量的下降是由于大学教师没有投入足够的时间和精力去工作。某些官员称，教师尤其是研究型大学的教师若投入更多的时间用于教学，将能够节省一大笔开支；美国马里兰高等教育系统的一项研究认为，如果所有的全职教师、终身教授和聘期内的教师每年教授五门课程，每年就可以为学校节省两千万美元。[1] 但是，某些研究者指出，提高教师的教学工作量是可以降低教学方面的花费，但是，节省下来的花费是以研究收入的减少为代价的。[2] 尽管没有非常有力的研究结果证明教师的工作兴趣与研究生产力密切相关。但是艾森伯格与哈瑞顿对学术女性的访谈结果证实了学术女性对教学和服务工作的强烈喜好和相对来说对研究工作的不太感兴趣，而这种状况与学术女性较低的学术发表率存在一定的相关关系。[3] 陆根书等人通过对 3 所高校 500 名教师的调查数据，探讨了大学教师学术工作的类型、特征及其满意度，他们的研究称"偏好科研的教师主持的科研项目的数量显著多于偏好教学的教师，但偏好行政的教师主持的科研项目的数量则显著少于偏好教学的教师"；并且，大学教师的性别、学位、年龄、教龄、职称、学术偏好、担任的导师类型、所在的学校类型以及是否担任行政职务等因素，对大学教师中以教学为主、以科研为主和以行政服务为主的教师分布状态都具有显著影响；"随着大学教师资历的提高，其学术活动逐渐转向以研究为主"。[4] 而事实也表明，随着教师资历的提高，教师的学术发表也随之增加。这其中，大学教师的学术工作活动转向与教师的学术产出之

---

① Stephen R. Porter and Paul D. Umbach, "Analyzing Facultu Workload Data Using Multivevl Modeling", *Research in Higher Education*, 2001, Volume 42, No. 2, pp. 171 – 196.

② Stephen R. Porter and Paul D. Umbach, "Analyzing Facultu Workload Data Using Multivevl Modeling", *Research in Higher Education*, 2001, Volume 42, No. 2, pp. 171 – 196.

③ Robert T. Blackburn & Janet H. Lawrence, *Faculty at Work: Motivation, Ecpectation, Satisfaction*, The Johns Hopkins University Press, 1995, p. 85.

④ 陆根书、黎万红、张巧艳、杜屏、卢乃桂：《大学教师的学术工作：类型、特征及影响因素分析》，《复旦教育论坛》2010 年第 6 期。

间的关系，必值得进一步探讨与分析。

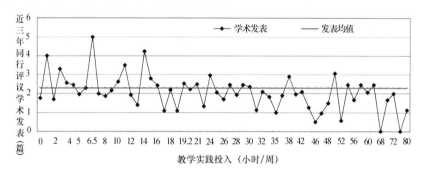

图 5—6　教学时间投入与学术发表量的关系

　　从经济学角度讲，投入和产出是呈正比的，教师对科研投入时间的多少不仅是教师对科研兴趣和履行学术使命的一种行为表现，也是学术发表量的一个重要影响因素。正是工作时间投入与学术发表量这二者之间密切的关系，让本书不得不继续深入探讨大学教师的工作时间分配与学术发表量之间的关系。图 5—6 告诉我们的是教学时间与大学教师近三年学术发表之间的关系，可以看出，随着教学时间的增加，大学教师的学术发表量呈现出多样化的趋势，在每周教学时间为 11 小时以下时，教学时间和大学教师的学术发表量存在一定的负相关关系（皮尔逊相关系数 $r = 0.049$），不过，这种相关关系并未通过显著性检验，Sig. 值为 0.116，$^*p < 0.1$，$^{**}p < 0.05$；在每周教学时间高于 11 个小时的情况下，虽然在每周教学时间为 33 小时、34 小时和 46 小时时，教师的学术发表量也比较高之外，其他情况下，随着教学时间的增加，大学教师的学术发表量较之并没有上升的趋势，反而略有下降。相关分析的结果表明，教师每周教学时间与教师的学术发表量呈负相关关系（皮尔逊相关系数 $r = 0.030$），Sig. 值为 0.048，$^*p < 0.1$，$^{**}p < 0.05$，并且这种相关性通过了显著性检验。

　　再来看每周花在研究工作的时间与学术发表量之间的关系，如图 5—7 所示，随着每周研究时间的增加，教师的学术发表量虽然有一定的起伏，但总体上呈上升趋势。其中在每周花在研究工作上的时间为 19 小时和 46 小时时出现了两个较高的峰值。相关分析的结果表明，教

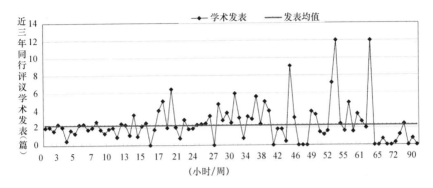

图5—7 研究时间投入与学术发表量的关系

师每周研究时间与教师的学术发表量呈正相关关系，并且这种相关性通过了显著性检验。而学术人员每周花在服务方面的时间和每周工作总时间长短对学术发表量却没有显著影响，相关分析结果也验证了这一结论，服务人员每周花在服务方面的时间和每周工作总时间长短与学术发表量并无显著的相关关系。

可见，花在教学和研究工作上的时间与学术发表量密切相关，花在服务工作上的时间与学术人员学术发表量之间的关系非常微弱，而每周工作总时间与学术发表之间的关系也并不明显。因此，大学教师如何合理安排教学时间和研究时间仍然是非常重要的议题。关于教学和研究工作量的争论由来已久，至今尚无定论。就教师个人来说，多数教师倾向将时间投入到研究之中，毕竟在职称晋升和学术成名之路上，学术发表所占分量之重是教学无法比拟的，然而，从保证和提高高等教育质量方面来说，教学方面投入的时间必须得到保证。并且，尽管统计显示花在教学方面的时间与教师的学术发表量呈反比，但是从描述统计的图形中也可以看出，在某一阶段内，教师花在教学方面的时间是随着教师的学术发表量的增加而增加的。同时，从花在研究上的时间与学术发表量之间的关系中可以看出，在某些阶段中，学术发表量随着投入时间的增多，反而略有下降。我们认为，合理地安排教师的教学工作量和研究工作量，最大限度地利用好教师的时间资源，将能够为教师创造更高的职业成就提供可能。

（二）研究合作、对待各类研究的态度对高校教师学术发表的影响

20 世纪 80 年代后期开始，随着美国高等教育职能的扩展，教师的奖励制度却越来越狭窄，在很大程度上变成了只奖励研究，而不奖励教学。在这种情况下，卡耐基教学促进基金会于 1990 年发表了由该基金会主席博耶撰写的报告《学术水平的反思：教授工作的重点领域》，在报告中，博耶指出："我们相信，超出'教学与科研'这一老式的、已经令人厌倦的讨论框框，给予'学术水平'这一熟悉的、崇高的提法以更广阔的、内涵更丰富的解释的时候已经到来了，这将使学术工作的各个方面合法化。不错，学术水平是意味着参与基础研究，但一个学者的工作还意味着超越研究，寻求相互联系，在理论和时间之间建立桥梁，并把自己的知识有效地传授给学生。"博耶对他所提出的四个学术水平——发现的学术水平、综合的学术水平、应用的学术水平和教学的学术水平——进行的阐述中说到，最接近学术人员所谈及的"研究"内涵的本质要素就是发现的学术水平。在学术界，最高的宗旨就是对知识本身的追求，就是探究的自由，而不管结果导向何处。"学术上的调查研究是各个学科学术生活的核心，必须努力培养和保护对知识的追求。这种探究精神燃起的智力上的激情为教师队伍带来了活力，使高等学校充满了生机。"与发现的学术水平紧密联系在一起的是综合的学术水平。综合的学术水平强调学者应该对孤立的现象正确地从整体上加以考察、解释，在各学科间建立联系。因为学科交叉不仅与各种学术上跨学科的、综合的和释义的趋势相一致，而且学科交叉的地方也是最有可能有所发现的地方。所以学术界应当给予综合的学术水平更多的注意。关于应用的学术水平，博耶说到，尽管美国人看待学术的态度与英国人和德国人不同，他们既不像英国人那样把学术看作是"自我发展的手段和尺度"，也不像德国人那样把学术看作是自身的目的，美国人视学术为服务的工具，而且这也是美国从殖民地时期就已经开始的传统，但是，"虽有此传统，学术界的价值观与周围世界的需要之间仍存在令人印象深刻的差距"。因此，他建议树立这样一种关于学术性服务的观点，即理论与实践都服务于并促进人类知识的发展。"学术水平不应当由为学术而学术，而应当由为全国和全世界提供的服务来证明其价值"。①博耶的学术观，既强调了基础研究的重要性，同时也强调了跨学科研究、应用研究、社会取向研究的重要作用，这种观念对后来的研究方式和研究观念的影响非常深刻。21世纪以来，学术市场化现象备受关注，营利型大学的崛起和创业型大学的出现，使得商业化研究进入了研究者的视野，这种学术市场化和商业化研究在美国学者希拉·斯劳特的研究中称为"学术资本主义"，学术资本主义的出现，正逐渐改变着传统的大学专业工作模式，也影响着大学教师的研究合作和所持的学术观念。

在全球化趋势的影响下，我国高校的研究领域也开始发生一定的变化，从原来的单一学科的研究到现在越来越注重跨学科研究，开始注重科技成果的转化和应用，当这种研究合作被提倡或者被予以奖励的时候，大学教师的研究观念必然受到影响。

表5—4　　研究合作、对待各类研究的态度与学术发表的关系　　单位：篇

	Mean	Std. D	Std. E	95% Confidence Interval for Mean	
				Lower Bound	Upper Bound
独立研究	2.1	3.860	0.162	1.748	2.384
与本单位合作	2.0	2.663	0.074	1.846	2.135
与外单位合作	2.5	4.364	0.159	2.202	2.827
国际合作	3.7	8.531	0.493	2.684	4.623
基础研究	2.3	4.994	0.347	1.654	3.021
应用研究	2.0	2.999	0.140	1.708	2.257
既强调基础又强调应用	2.4	4.816	0.110	2.222	2.652
单学科	2.1	4.091	0.370	1.406	2.870
跨学科	2.5	5.099	0.134	2.278	2.805
既强调单学科又强调跨学科	2.3	4.382	0.184	1.917	2.641

① 欧内斯特·L.博耶：《学术水平反思：教授工作的重点领域》，转引自国家教育发展研究中心《发达国家教育改革的动向和趋势》（五），人民教育出版社1994年版，第6、23、25、29—31页。

　　虽然没有人可以完全确定现代社会中的网络等信息工具对研究交流和合作的具体贡献程度，但不可否认的是，进入电话、网络等通信技术出现并日益成熟的时代，大学教师跨学校、跨地域，甚至国际合作交流的概率大大增加，而这一时期的学术发表量的增长速度也非常迅速。但如果就此认为跨地域、跨国际的学术和科研合作的工作方式对学术发表量贡献巨大，论证略有不足，因为不能忽视的是，网络信息时代里，学术成果可供呈现的平台也大大增加。简言之，跨时空研究合作与学术发表量的关系，无法将时代特点完全过滤，因此，当在同一时间段内考察研究合作与学术发表之间的关系时，就能够规避这一弱点。本书以大学教师近三年的学术发表作为因变量，探讨研究合作对其产生何种影响。从描述统计的结果可以看出（见表5—4），独立从事研究和与本单位合作研究的教师的学术发表量分别为 2.1 篇和 2.0 篇，明显低于与外单位合作研究的 2.5 篇和与国际合作研究的 3.7 篇。相关分析的结果表明，越是跨单位、跨国际的合作，对大学教师的学术发表越具有正向作用，其中，开展跨国际合作研究的大学教师，其学术发表量最大。

　　博耶在其《学术水平反思：教授工作的重点领域》中曾说："我们现在对学术水平的看法已有很大的局限性，把它局限在某种功能的等级上。基础研究成为首要的和最基本的学术活动，其他功能则从中派生出来。所谓学者就是从事研究、出版论文和著作，然后他们的知识传授给学生，或把研究成果加以应用的学术人员。"[①] 而近年来，随着高等教育财政投入的下降，不少学校为了增加收入，开始注重研究成果转化，争取更多的商业项目以获取利益，通过与产业和企业合作发展伙伴关系来进行研究，而这种现象被希拉·斯劳特称之为"学术资本主义"，在其《学术资本主义》一书中希拉·斯劳特等人曾叙述道："学术资本主义十分有助于大学的收入。虽然构成个案研究的两所大学被了解情况的观察者描述为在靠外部来源自我创收中'不是主要角色'，但涉及的数额确是可观的。在大洋洲大学里，1989 年总数是 1630 万美元，而在雪

---

　　① 欧内斯特·L. 博耶：《学术水平反思：教授工作的重点领域》，转引自国家教育发展研究中心《发达国家教育改革的动向和趋势》（五），人民教育出版社 1994 年版，第 22 页。

山大学，1990 年总数是 1230 万美元。……1630 万美元和 1230 万美元绝不是均衡分配给大学的各系。大学里只有不到一半的系自筹重要的收入，并且活动高度集中在少数几个系。人文和社会科学不可能有多达几千美元这样的筹资。尽管存在几个值得注意的例外，大部分与社会科学相关的专业领域也是如此。更让人吃惊的是，较基础的自然科学学科，如化学、物理、植物、动物学，也趋于创造相当少量的数额（甚至不在我们分析之列的基础研究也是如此）。在应用自然科学、农业科学以及工程这些应用领域，来自企业和政府的资金与合同产生的收入则是很大的。"① 学术资本主义对科学研究产生的较为深刻的影响是，它促使大学和科研人员更为注重应用研究、商业定位和社会取向的研究。而近年来，中国学者也开始关注这种学术市场化的现象给中国高校带来的影响。

我们的研究显示，仅强调基础研究的教师近 3 年的学术发表量为 2.3 篇，仅强调应用研究的教师近 3 年的学术发表量为 2.0 篇，既强调基础研究又强调应用研究的教师的学术发表为 2.4 篇，其中，仅强调应用研究与既强调基础研究又强调应用研究的教师近 3 年的学术发表量相差约 0.5 篇，统计意义上的差异比较显著（Sig. 值 .055，P < 0.1）。

仅强调单学科研究的教师近 3 年的学术发表量为 2.1 篇，仅强调跨学科研究的教师近 3 年的学术发表量为 2.5 篇，既强调单学科研究又强调跨学科研究的教师的学术发表为 2.3 篇，其中，强调单学科研究和强调跨学科研究与二者都强调研究的教师近 3 年的学术发表量分别相差 0.4 篇和 0.1 篇，统计意义上的差异并不显著（如表 5—5 所示）。从整体上来看，强调单学科研究还是跨学科研究或者二者都强调与大学教师近 3 年的学术发表关系比较微弱。

---

① ［美］希拉·斯劳特、拉里·莱斯利：《学术资本主义：政治、政策和创业型大学》，梁骁、黎丽译，北京大学出版社 2008 年版，第 106—107 页。

表 5—5　　　　　　　　研究方式与学术发表的均值差异　　　　　　单位：篇

I	J	均值差（I-J）	Std. Deviation	Std. Error
独立研究	与本单位合作	0.075	0.216	0.728
	与外单位合作	−0.449 *	0.239	0.060
	国际合作	−1.588 ***	0.306	0.000
与本单位合作	与外单位合作	−.524 ***	0.197	0.008
	国际合作	−1.663 ***	0.275	0.000
与外单位合作	国际合作	−1.139 ***	0.293	0.000
基础研究	应用研究	0.356	0.381	0.351
	二者都强调	−0.099	0.333	0.766
应用研究	二者都强调	−0.455 *	0.236	0.055
单学科	跨学科	−0.403	0.458	0.379
	二者都强调	−0.141	0.485	0.772
跨学科	二者都强调	0.263	0.242	0.277

注：* P < 0.1，** P < 0.05，*** P < 0.01。

　　强调商业定位研究的教师近 3 年的学术发表量为 2.4 篇，比不强调商业定位研究的教师的学术发表量高出约 0.2 篇，可见，强调商业定位研究与否对教师近 3 年的学术发表量并无显著影响；强调社会取向和社会进步研究的教师的学术发表量比不强调社会取向和社会进步的教师的学术发表量高出约 0.2 篇，统计意义上的差异也不显著（P < 0.1）；强调研究视野或内容上的国际性的教师近 3 年的学术发表比不强调研究国际性的教师近 3 年的学术发表量高出约 0.4 篇，统计意义上的差异也比较显著（P < 0.05）。

表 5—6　　　　　　　　强调研究类型与学术发表的方差分析

		Mean	Std. Deviation	Std. Error	F 值
商业定位	不强调	2.2	5.466	0.245	0.842
	一般	2.4	4.236	0.149	
	强调	2.4	3.777	0.103	

续表

		Mean	Std. Deviation	Std. Error	F 值	
社会取向 和社会进步	不强调	2.2	4.706	0.264	0.301	
	一般	2.3	4.744	0.182		
	强调	2.4	4.346	0.106		
国际性	不强调	2.1	3.539	0.218	3.347	
	一般	2.0	3.046	0.119		
	强调	2.5	5.070	0.122		

可见，在我国，教师对于商业定位和成果转化研究的强调与自己近三年的学术发表之间的关系比较微弱，而对社会取向和国际性研究的强调与其近三年的学术发表量之间则存在较为密切的关系，并且这种关系为正相关关系。

（三）工作压力和工作负荷与学术发表的关系

高校教师学术发表与工作压力的直接研究文献几乎没有。但是与高校教师学术发表相近的工作绩效与工作压力的相关研究文献中称"工作压力和工作绩效之间的关系还是相当密切的。并且在这些压力中，大多数显著相关的都是来自自身的压力，也就是内压力，它们与工作绩效都是显著负相关"[1]。纪晓丽等的研究称"外源工作压力对工作绩效有显著的负向影响，而内源压力对工作绩效有显著的正向影响"[2]。刘天印博士研究了高校教师工作压力对工作绩效影响的模拟问题，基于 CA 方法，选择 VB6.0 开发模拟系统，设计多个实验方案。模拟结果分析显示，低压状态不能产生压力管理原点，整个高校教师工作绩效将不明显；从压力管理原点出发向整个高校教师群体内扩散，原有平衡一旦被打破，高校工作绩效将得到较大改善，但随着教师间相互了解，这种效果将衰减；多批次、小幅度的压力管理措施比一次性、大幅度的压力管理措施提升

---

① 刘英爽：《高校教师工作压力、控制点及其与工作绩效的关系研究》，硕士学位论文，大连理工大学，2006 年，第 36 页。

② 纪晓丽、陈逢文：《工作压力对高校教师工作绩效的作用机制研究》，《统计与决策》2009 年第 16 期。

的工作绩效要好；压力管理效果跟高校发展的生命周期有关，当高校走向衰退时，工作绩效由效果明显到逐渐丧失。[①] 工作压力和工作负荷感不仅是教师自身压力和对工作量承受能力的体现，也是教师对组织工作环境的一种反应，更能够明显作用于教师的工作产出结果。本书的调查分析结果显示（如表5—7所示），尽管随着工作压力的增加，教师近3年的学术发表量有一定的降低，但是，从统计意义上来说，压力与教师近3年的学术发表量之间并无显著的相关关系。而工作负荷却对教师近3年的学术发表量的影响却比较耐人寻味，正如描述统计中发现的，感到工作负荷较轻的教师近3年的学术发表约为2.1篇，而感到工作负荷适中的教师近3年的学术发表约为2.1篇，工作超负荷的教师近3年的学术发表约为2.5篇，这三者之间的学术发表量差别非常显著（F值为4.517，Sig. 值为.011，P<0.05）。

表5—7　　　　　　　　工作压力和工作负荷与学术发表　　　　　　　单位：篇

		Mean	Std. Deviation	Std. Error	95% Confidence Interval for Mean	
					Lower Bound	Upper Bound
工作压力	压力小	2.5	5.387	0.209	2.062	2.883
	适中	2.2	3.103	0.099	1.977	2.368
	压力大	2.3	3.847	0.090	2.155	2.507
工作负荷	轻松	2.1	1.793	0.170	1.807	2.480
	适中	2.1	2.578	0.070	1.918	2.193
	超负荷	2.5	4.729	0.104	2.264	2.672

由此可见，工作压力并不一定对工作绩效具有推动作用。在大学教师群体中，工作压力有时候会成为其工作产出结果的阻力。特别是在从事教学或科研工作的创新时，宽松自由的工作环境和工作氛围往往对学者活跃的思维起到积极的促进作用。因此，对于教师的工作压力与其工作成就的关系的说法意见不一，对教师工作压力对工作成就的作用也是

[①] 刘天印：《基于系统模拟的高校教师工作压力研究》，博士学位论文，华中科技大学，2010年，第105页。

褒贬不一，因此，应该针对不同的具体情况进行不同的处理与管理，这样才能够达到对工作压力的管理和对工作绩效促进的成效。这种观点在发达国家得到施行，并且许多大型公司在对员工进行管理时，也更加注重人性化管理和营造轻松的工作环境，使员工在紧张的日常工作中和高压环境下尽可能得到放松，这样往往得到比在枯燥而高压环境更高的工作产出绩效。高校教师尤其是研究型大学的高校教师，本身肩负着对高深知识保存、创造和传播的任务，学术与科研是其工作中的一项重要任务，要提高高校教师的学术工作质量和科研创新水平，为教师营造宽松、自由的学术氛围，实施更加人性化的压力管理政策不失为一条良策。现在许多高校除对教师的教学工作量有一定的要求之外，对教师在校办公的工作时间都不再有硬性的规定，教师可以根据自己的喜好安排自己的工作地点和工作时间长短，这样在一定程度上给了教师选择自己工作时间和地点的自由，对教师的工作压力也具有一定的缓释作用。同时，良好的校园环境和工作条件也给教师创造了比较好的学术和科研氛围，对于教师安心学术科研，缓解或减小其工作压力，提高其学术创新力度并促进教师完成更高层次的工作成就提供良好的保障。

（四）职称与学术发表的关系

大学教师在学术工作和职业发展中追求的不是物质财富的富足，而是在学术创新和高深知识方面所作出的贡献、得到的认同以及因此获得的学术声望。在大学教师这一职业中也存在着分级分层，如果从职业晋升的角度来看，晋升为教授是该职业从业者的终极目标。由于决定大学教师职业层级的最重要因素是学术发表，而学术成就又是学术才能的一种标志，因此，在才能、成就与地位的关系中，与人类其他领域相比，大学教师这一职业更能凸显一个人在其所从事的学科领域中的知识贡献的重要作用和意义。此外，在大学教师的职业发展过程中也存在着"马太效应"，这一现象在科研方面的表现尤为突出。当一位大学教师通过工作上的不断努力确定了一定的地位和学术声望时，"马太效应"可以促使该大学教师不断努力工作以保持和进一步提高自己的学术地位和声望。而确定一定的地位和学术声望则与学术人的学术职位晋升密切相关，这也是大学教师的学术成就获得同行认可和社会认可的一种方式。

表 5—8　　　　　　　　　　　　　　职称与学术发表　　　　　　　　　　　单位：篇

	Mean	Std. Deviation	Std. Error	95% Confidence Interval for Mean	
				Lower Bound	Lower Bound
助教	1.9	1.267	0.047	1.835	2.020
讲师	2.1	3.095	0.091	1.907	2.263
副教授	2.5	4.864	0.150	2.254	2.842
教授	3.0	6.298	0.294	2.379	3.536
平均	2.3	4.047	0.069	2.176	2.448

　　西方相关研究曾指出现阶段学术奖励和学术晋升之路是建立在研究生产力基础之上的；沿着学术晋升之路不断攀升是大学教师不倦的追求，因为它能够带来终身教职、声望和职业安全。泰恩和布莱克伯恩（1996）研究了专业技术职务与教师生产力之间的关系，以观测晋升之路是否对教师的研究产出具有激励作用。他们发现对与教师的研究产出来说，终身教职并不是唯一或者说最重要的激励因素。当大学教师获得了终身教职之后，教授依然保持研究产出的高水平甚至达到更高水平。[①] 可见，专业技术职务与学术产出的关系是比较复杂的。但有一点不可否认，现有的专业技术职务对大学教师的研究产出是有一定影响的，并且这种作用在很大程度上会影响到大学教师向更高一级学术之路的攀升和学术声望与地位的获得。

　　在我国，专业技术职务与学术发表也存在显著的相关关系（如表5—8和表5—9所示）。从助教到教授，大学教师的学术发表量也随之升高。其中，副教授和有教授职称的大学教师的学术发表量分别为2.5篇和3.0篇，均高于大学教师平均发表篇数的2.3篇。从不同专业技术职务等级的教师的学术发表看，不同专业技术职务等级的大学教师的学

---

　　① Flora F. Tien and Robert T. Blackburn, *Faculty Rank System*, *Research Motivation*, *and Faculty Research Productivity*：*Measure Refinement and Theory Testing*, Journal of Higher Education, 1996, pp. 2 – 22. (http://www.jstor.org/stable/2943901? seq = 1)

术发表量的差别均是非常显著的。助教职称的教师与讲师、副教授和教授职称的教师的学术发表量分别相差约 0.2 篇、0.6 篇和 1.0 篇，讲师职称的教师与副教授、教授职称的教师的学术发表分别相差约 0.5 篇和约 0.9 篇，而副教授和教授职称的教师的学术发表相差 0.4 篇。

表 5—9 不同职称间学术发表的差异 单位：篇

（I）	（J）	Mean Difference （I-J）	Std. Error	Sig.
助教	讲师	− 0.158	0.191	0.408
	副教授	− 0.621	0.194	0.001 ***
	教授	− 1.030	0.241	0.000 ***
讲师	副教授	− 0.463	0.171	0.007 ***
	教授	− 0.873	0.223	0.000 ***
副教授	教授	− 0.410	0.226	0.070 *

注：* P < 0.1，** P < 0.05，*** P < 0.01。

由此可见，我国大学教师的学术发表中同样存在着"马太效应"，大学教师的学术积累为给学术工作的延续和提高提供促进和推动作用。同时，由于大学教师将学术地位和声望看作是毕生的追求和目标，所以，获得这一职业中最高级别的职称——教授——并不是教师的终极追求，当获得教授级别的专业技术职务之后，大学教师的学术产出依然保持着所有专业技术职务等级中的最高水平。可以说，获得较高的学术成就是大学教师内在精神生活的追求和心灵的召唤。在追求学术成就的同时，获得较高的专业技术职务等级和学术地位成为在追求学术成就和学术声望过程中的意外收获和补偿。

（五）最高学历对高校教师学术发表的影响

大学教师其实是一种专业化程度很高的职业，进入这一职业需要长期而系统的专业训练。这种严格的要求在德国大学教师晋升制度中得以完整地体现。德国编外讲师制度是德国的独特设计，是一种十分重要并且苛刻的遴选机制。担任编外讲师首先必须具有博士学位和至少 5 年的博士后研究经历；其次应取得大学授课资格，这是德国学术职业的基本要求。[1] 早在 1900 年前后，哲学博士学位证书已经成为在大学中讲授主要学科的资格证书。[2] 哲学博士学位的获得表示获得者已经接受了长期而系统的学术训练，是进入的基本标准。

表 5—10 　　　　　　　　　　　最高学历与学术发表 　　　　　　　　单位：篇

	Mean	Std. Deviation	Std. Error	95% Confidence Interval for Mean	
				Lower Bound	Upper Bound
本科	2.2	3.184	0.108	1.982	2.406
硕士	2.1	2.772	0.067	1.985	2.248
博士	2.5	5.344	0.197	2.137	2.911
总计	2.2	3.602	0.063	2.105	2.350

表 5—11 　　　　　　　　不同学历间学术发表的差异 　　　　　　　　单位：篇

（I）	（J）	Mean Difference（I-J）	Std. Error	Sig.
本科	硕士	0.077	0.150	0.608
	博士	−0.330	0.180	0.067 *
硕士	博士	−0.407	0.159	0.010 ***

注：* P < 0.1，** P < 0.05，*** P < 0.01。

　　新中国成立初期，由于高等教育发展还处于起步和发展阶段，尤其是"文化大革命"期间造成的高学历人才的紧缺，本科学历在高校任教的教师不在少数，并且在这一时期，教师的任用是通过计划录用、行政命令和调配的形式任命和管理的，教师一旦进入了高校，一经任用，教师即捧上了"铁饭碗"，获得了"永久"职位，如果没有重大失职或违规行为，一般不会遭到解雇；由于历史原因，我国于 1982 年才有自己培养的第一批博士，20 多年来，中国已经成为全球博士数量最多的

---

　　① 易红郡：《从编外讲师到终身教授：德国大学学术职业的独特路径》，《高等教育研究》2011 年第 2 期。
　　② 耿益群：《美国研究型大学学术职业的历史沿革及特点分析》，《比较教育研究》2008 年第 5 期。

国家。近年来，高校对新聘用教师的学历要求已经以获得博士学位作为基本标准了。博士学历的获得对研究的重要作用在诸多现实问题中可见一斑。表5—10是我国高校教师的最高学历与其研究产出之间的关系，统计结果表明于最高学历为本科和硕士和博士的教师近3年的学术发表分别为2.2篇、2.1篇和2.5篇，最高学历为博士的教师的学术发表远远高出最高学历为本科和硕士学历的教师。从各学历层次的教师学术发表的差异性比较来看（如表5—11所示），本科学历和硕士学历的教师其学术发表几乎没有差异，而本科学历和硕士学历的教师与博士学历的教师的学术发表差别非常显著。可见，受过系统而严格的学术训练，是高校教师在职业发展之路上获得成功的基石。

（六）学科背景对学术发表的影响

大学是由不同学科组成的松散的学术组织，学科组织是高校运行的基本单位。学科成为学术共同体形成的基础，使学者的学术生涯不以地理定位而以学科专业为转移，彰显出学术职业的学科忠诚。[①] 推动大学教师开展研究的动力是什么？通过研究我们发现是学科本身的一些主要因素在起作用，特别是那种想要在学术领域建立声誉的欲望。正如亨克尔的研究一样，对专业的追求和学术身份的追求是完全分不开的。在美国也一样，一项对高等教育教职人员进行的研究表明（萨克斯等，1999），大约50%的高校教师认为"在自己领域成为权威"是重要的或主要的，这个比例在研究型的大学更高。[②] 虽然每个学科领域成功的标准不太一样，如在工程或医学领域，成功就是发明一个专利或一个产品，在经济学界，成为一名著名的证券投资学术顾问，却不一定要有非常出色的学术发表。但是在多数学科领域，"不发表即灭亡"仍然是学术界生存的不二法门。诺尔·赛廷纳（1982）在《作为理性经纪人的科学家》一文中写到，从价值观来看，学术界的当务之急不是某些成果的价值，而是科学家自身的价值。任何人的成果，无论能产生何种实

---

① 刘献君等：《中国高校教师聘任制研究——基于学术职业管理的视角》，科学出版社2009年版，第15页。

② ［英］托尼·比彻、保罗·特罗勒尔：《学术部落及其领地：知识探索与学科文化》，唐跃勤、蒲茂华、陈洪捷译，北京大学出版社2008年版，第80—81页。

际效果，都不是成果本身，而是代表学者的专业成就。①

表 5—12　　　　　　　　　　　学科与学术发表的关系　　　　　　　单位：篇

	Mean	Std. Deviation	Std. Error	95% Confidence Interval for Mean	
				Lower Bound	Upper Bound
人文社科	2.2	2.704	0.067	2.086	2.350
自然科学	2.4	5.105	0.163	2.067	2.706
工程学科	2.4	4.285	0.168	2.061	2.720

　　学科与科研产出的关系如表 5—12 所示，比较平均值的统计，人文社会学科的教师近 3 年中发表 2.2 篇文章，自然科学学科的教师发表 2.4 篇，工程学科的教师发表 2.4 篇，其统计意义上的差别是并不显著的（F 值为 0.775，Sig. 值为 0.461，P < 0.1）。

　　在引入性别和最高学历作为控制变量之后，学科与学术发表的关系如图 5—8 所示。首先看性别作为控制变量的学科与学术发表的关系，女教师近 3 年的学术发表的学科差异并不显著（F 值为 0.330，Sig. 值为 0.719，P < 0.1），男教师近 3 年的学术发表中，工程学科、自然科

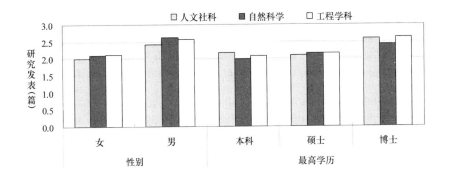

图 5—8　学科与学术发表（性别、最高学历为控制变量）

---

　　①　[英] 托尼·比彻、保罗·特罗勒尔：《学术部落及其领地：知识探索与学科文化》，唐跃勤、蒲茂华、陈洪捷译，北京大学出版社 2008 年版，第 81 页。

学学科和人文学科的学术发表量分别是 2.6 篇、2.7 篇和 2.4 篇，学术发表的学科差异并不显著。再看最高学历作为控制变量之后，学科与学术发表的关系。在以本科、硕士和博士为分组的情况下，各学科领域教师的学术发表量比较接近，统计意义上的差异显著性检验结果表明，学科之间的差异并不明显（$F_本 = 246.433$，Sig. 值为 0.576；$F_硕 = 246.433$，Sig. 值为 0.576；$F_博 = 454.933$，Sig. 值为 0.475，$P < 0.05$）。整体上来说，学科领域对学术发表量的影响是比较弱的，换句话说，无论在哪一学科领域，发表尤其是同行评议的学术发表都是评价学术水平的重要指标。

三　多元线性回归分析结果

诚然，上述描述统计分析结果已经很好地说明了工作背景因素对高校教师学术发表是否起到非常重要的促进作用。然而描述统计分析结果是问题发现初级阶段的研究，仅能够用于两两变量之间关系的初步判断，这种单个自变量与单个因变量之间的关系中，并没有排除其他因素的干扰作用，换句话说，自变量中暗含的其他因素的影响并没有消除。因而需要进一步用统计的方法就影响高校教师学术发表的诸多工作背景因素进行更加深入的分析。

表 5—13　　　　　　学术发表影响因素的线性回归分析　　　　单位：篇

自变量	B	Std. Error	Beta	t	Sig.
常数项	0.943	0.671		1.406	0.160
学科虚拟	-0.145	0.255	-0.016	-0.568	0.570
学位虚拟 1	0.272	0.330	0.029	0.823	0.411
学位虚拟 2	0.123	0.373	0.012	0.329	0.743
职称虚拟 1	0.051	0.417	0.005	0.123	0.902
职称虚拟 2	0.720	0.428	0.074	1.683	0.093 *
职称虚拟 3	0.986	0.465	0.089	2.121	0.034 **
课程层次虚拟	0.308	0.261	0.031	1.179	0.239

续表

自变量	B	Std. Error	Beta	t	Sig.
教学时间投入	-0.014	0.010	-0.038	-1.438	0.151
研究时间投入	0.017	0.010	0.048	1.719	0.086*
服务时间投入	-0.007	0.013	-0.014	-0.529	0.597
研究合作虚拟1	-0.128	0.361	-0.014	-0.354	0.724
研究合作虚拟2	0.421	0.383	0.042	1.100	0.271
研究合作虚拟3	0.785	0.493	0.054	1.592	0.112
基础研究虚拟	0.311	0.304	0.028	1.025	0.306
应用研究虚拟	0.042	0.384	0.003	0.109	0.913
单学科虚拟	-0.125	0.290	-0.012	-0.430	0.667
跨学科虚拟	0.392	0.344	0.034	1.140	0.255
商业或成果转化研究虚拟	-0.242	0.280	-0.026	-0.865	0.387
社会进步研究虚拟	0.036	0.305	0.004	0.118	0.906
国际研究虚拟	0.098	0.304	0.010	0.321	0.748
工作兴趣虚拟	0.153	0.265	0.016	0.577	0.564
工作压力虚拟	0.069	0.258	0.007	0.266	0.790
工作负荷虚拟	0.257	0.272	0.027	0.943	0.346

R^2: 0.031, Adjust R^2: 0.016, df 为23, F值为2.033, Sig. 值为0.003
*$P < 0.1$, **$P < 0.05$, ***$P < 0.01$

逐步回归最终结果					
(Constant)	1.461	0.230		6.340	0.000
职称虚拟2	0.694	0.276	0.071	2.512	0.012**
职称虚拟3	0.994	0.323	0.089	3.075	0.002***
研究时间投入	0.020	0.009	0.057	2.130	0.033**
研究合作虚拟2	0.547	0.275	0.054	1.990	0.047**
研究合作虚拟3	0.990	0.405	0.068	2.443	0.015**

R^2: 0.024, Adjust R^2: 0.020, df 为5, F值为7.129, Sig. 值为0.000
*$P < 0.1$, **$P < 0.05$, ***$P < 0.01$

从表5—13可知，在其他工作背景因素不变的情况下，人文社会学科领域教师的学术发表量比工程与自然科学学科领域的大学教师学术发表量略低，博士学历和硕士学历的教师的学术发表量均高于本科学历的教师的学术发表量，但是这种差异虽然具有一定的现实意义，但是其统计上的显著性检验并没有通过；同样地，教学时间投入和服务时间投入每增加 1 小时，教师的学术发表量就会相应减少约 0.01 篇，强调单学科研究、商业或成果转化研究对学术发表的负面作用以及强调国际研究、工作兴趣偏向科研等对研究的积极作用等，都有一定的现实意义，但是这种差异同样没有通过显著性检验。

　　有些自变量对因变量的作用不显著，可能是共线性或其他因素的影响，为此，本书采用逐步向后回归的方式对自变量进行逐一筛选，得到的逐步回归最终结果为：职称为副教授和教授的教师（以助教为参照），研究时间投入、跨校合作研究和国际合作研究等对因变量研究产生的影响均非常显著。具体来说是职称为副教授和教授的教师的学术发表量比助教职称的教师分别高出 0.7 和 1.0 篇；每周的研究工作时间投入每增加 1 小时，教师的研究产出就增加 0.2 篇；研究合作为跨院校合作和国际合作的教师研究发表量比独立研究的教师的教师研究发表量分别高出 0.5 篇和 1.0 篇。并且，以上自变量对因变量的影响均是积极的。

　　回归系数 B 反映了自变量对因变量的"净"作用，B 值越大，自变量对因变量的"净"作用也越大，但是，却不能根据 B 值的大小判断哪个自变量对因变量的"净"作用更大，因为回归系数 B 是具有度量单位的统计值，自变量不同，度量单位也不相同，不同度量单位的值之间无法直接比较大小。为了能在自变量之间比较大小，确定自变量作用程度的相对值，须将回归方程中的自变量的回归系数 B 转化为标准化回归系数 Beta。标准化回归系数与自变量的单位无关，标准化回归系数的绝对值越大，说明对应的自变量对因变量的影响程度越大，标准化回归系数的正负符号表明自变量对因变量的作用方向。

　　从标准化回归系数绝对值大小来看，在其他工作背景变量不变的情况下，自变量教授职称相对于助教职称来说，对因变量高校教师学术发表的影响程度最大，副教授职称对因变量的影响程度次之；以此类推，研究合作中，与别的院校合作研究相对于独立研究来说，对因变量高校教师学术发表的影响程度位列第三，与国际合作开展研究相对于独立研究对高校教师学术发表的影响程度次于与国内其他院校合作研究。这里可能的解释是，由于全球化和信息时代的需求，开展国际合作、开阔研究视野已经成为当代学者必须面临的问题。就我国的现实情况来说，我国实行改革开放仅有30余年，邓小平于1983年提出"教育要面向现代化、面向世界、面向未来"的指示，二十几年来，我国在高等教育国际化方面取得了显著效果，如国际合作办学、课程国际化和教师国际化等，高校教师的国际化不仅要求教师要有国际化视野，更要求教师能够与外国大学从事科研和教学经验交流，在科研方面站在国际前沿，能够参与到世界高水平科研课题之中，与国际其他国家的学者共同出版学术著作、合作进行科研与学术发表、加入国际学术组织等，在这些方面，已经取得比较显著的成效，但是在学术与科研国际合作方面，也存在一些问题；在国际学术组织或国际会议中，我国学者作为领导人或者大会发言人的机会也还比较少，在国际合作课题中作为组织者或者领头人的情况也较为稀少，作为第一作者身份与国外学者联合发表的文章数量也还有待提高；在通过显著性检验的自变量中，研究时间投入对因变量的贡献程度最低。

本章主要探讨了大学教师的工作背景因素与高校教师学术发表的关系。在基本描述统计分析中，可以看出，大学教师的工作背景如学科、最高学位、专业技术职务、课程教学层次、工作时间投入（教学时间、研究时间和服务时间）、研究合作（独立研究、与本单位合作研究、与外校合作研究、国际合作研究）、对各类研究的认知、工作兴趣、工作压力和工作负荷对学术发表均有比较显著的影响。在进一步的回归分析结果中，专业技术职务（教授、副教授）、研究合作（与外校合作研究、国际合作研究）和研究工作时间投入对高校教师学术发表的影响通过了显著性检验。已有的工作积累对大学教师以后的学术成就影响程度最大，研究合作次之，研究工作时间投入对学术发表的影响最低。研究合作对学术大学教师影响的重要作用可见一斑，其中，与外校单位合作研究打破独立研究的保守研究方式，有利于学者的科研创新，并促进了大学教师提高学术产出的效率。而其他工作背景因素如所属学科领域、最高学位、对研究类型的认知、工作兴趣、工作压力与负荷等对高校教师学术发表的影响却没有通过显著性检验。

第六章　影响高校教师学术
发表的组织环境

在管理学中组织的概念是为了实现既定的目标，按一定规则和程序而设置的多层次岗位及其有相应人员隶属关系的权责角色结构。组织的类型，一般有正式组织与非正式组织。其中，正式组织一般是指组织中体现组织目标所规定的成员之间职责的组织体系。我们一般谈到组织都是指正式组织。在正式组织中，其成员保持着形式上的协作关系，以完成企业目标为行动的出发点和归宿点。非正式组织是在共同的工作中自发产生的，具有共同情感的团体。非正式组织形成的原因很多，如工作关系、兴趣爱好关系、血缘关系等。非正式组织常出于某些情感的要求而采取共同的行动。从这个角度来说，大学也是一个组织。大学的组织特性在不少学者的研究中得以深入讨论和验证。许多西方教育组织理论学者认为：大学组织的特性符合科恩、马奇和奥尔森的关于一般教育组织"有组织的无序状态"和韦克的"松散结合系统"理论。[①] 美国鲍得里奇教授在对美国高等教育组织及管理进行长期研究的基础上，系统地描述了学院和大学的组织特征，认为学院和大学是一种独特的专业组织，所谓独特之处表现为："学院和大学具有模糊与纷争的目标系统；服务于其需求影响到决策过程的顾客；多方面的非常规技术；高度的专业化和'相互割裂'的专业人员队伍；对外部环境越来越脆弱。"[②] 在本书中，影响高校教师学术发表的组织因素主要指大学组织环境这一层

---

① 宣勇：《大学组织结构研究》，博士学位论文，华东师范大学，2005 年，第 38 页。
② 陈学飞：《美国、德国、法国、日本当代高等教育思想研究》，上海教育出版社 1998 年版，第 75 页。

面的因素，具体指大学给大学教师提供的工作条件以及院校类型；工作
条件是指办公条件、图书馆和网络资源等公共服务条件、实验室和研究
设备条件、秘书等辅助人员条件等等；院校类型主要表征大学本身的属
性如"985 工程"大学、"211 工程"大学和地方普通本科院校等。

一　组织背景概况

组织理论中除了考察个人背景特征对员工工作行为和工作绩效的影
响外，同时，组织行为理论更加看重组织环境如组织制度、组织管理、
组织环境对员工工作的影响。

（一）大学组织的特点分析

大学是一个特殊的组织，它不像一般的企业一样员工的工作成就、
工作绩效那么容易被测量。然而大学作为一个组织单位，它也具有一般
组织的特点，有自己的使命和职责，也有自己独特的运转方式。

1. 相对独立的组织

从欧洲中世纪时期行会组织、教会组织和修道院等形式逐渐孕育并
促成了中世纪大学的产生，中世纪大学也由此成为一种致力于学术研究
和知识传播、与社会保持一定距离的团体和机构。中世纪大学主要目的
和任务就是开展学术研究、传播高深知识，虽然也为世俗政府和教会培
养人才，但这仅仅是一种副产品。① 而且，从大学的演化和发展来看，
它始终带着这三种组织的痕迹：大学要求独立和学术自治可以说是行会
的独立和自我保护意识的影子，反映在大学组织内部机构上，最明显的
是大学里所实行的讲座制和学院制；中世纪教会坚持认为各类知识具有
内在联系，并致力于对各类知识的兼收并蓄，把它们化为对生活的完整
认识，而在今天的大学里，知识的专门化训练和综合化矛盾正是这一特
点的演化和继续；修道院那种与世隔绝只专注内部修行的特点也在大学

---

① 张应强：《高等教育现代化的反思与建构》，黑龙江教育出版社 2000 年版，第 67 页。

里留有印象：大学的"象牙塔"精神始终是学者们所坚守的共同精神。① 到了 16 世纪，大学经历了一些重要的变化，正如克尼所说："1500 至 1600 年期间，大学经历了一次社会职能的变化。它们从从事特定专业的训练机构转变为社会统治的工具作用的机构。"② 此后，大学为人们的职业和谋生、为社会发展服务等起到越来越重要的作用，19世纪美国威斯康星大学的思想在美国的成功发展和推广促使了大学社会服务职能的形成。但是，大学组织的核心职能并不因为社会职能的出现而有所改变，弗莱克斯纳认为："大学不是风向标，不能什么流行就迎合什么。大学应不断满足社会的需求，而不是它的欲望。"因此大学追求学术自由和学术自治的独立精神决定了大学不会完全沉溺于满足社会无休止的欲望之中。

2. 以高深知识保存、创造和传播为业的组织

"每一个较大规模的现代社会，无论它的政治、经济或宗教制度是什么类型的，都需要建立一个机构来传递深奥的知识，分析、批判现在的知识，并探索新的学问领域。换言之，凡是需要人们进行理智分析、鉴别、阐述或关注的地方，那里就会有大学。"高深知识的保存、创造和传播是大学组织占据支配地位的重要特征，成为学术职业的独特专有领地。"专门知识是学院和大学占支配地位的特征，学院和大学的组织和权力围绕在专门知识的周围。"大学之所以能在八百多年的风雨历程中保存下来，正是因为它掌握着社会发展所需要的高深知识，并不断发展和传播高深知识，引领社会向前发展，以此维系大学组织的存在和发展。

3. 相对松散和高度集中并存的组织

大学是一个学术性较强的组织，学术性和专业化是密不可分的，每一位大学组织中的教师对自己的学科和专业都有比较深入的了解，在学科和专业基础上形成的院系之间的管理和操作是分离的，专业的高度分化造成了学者之间的鸿沟越来越深，甚至一个专业的不同方向也难以沟

① 胡仁东：《我国大学组织内部机构生成机制研究》，广东教育出版社 2010 年版，第 28页。

② ［美］伯顿·克拉克：《高等教育新论——多学科的研究》，王承绪译，浙江教育出版社 2001 年版，第 33 页。

通；尽管学者们也重视专业的综合，但是不同专业之间的共同语言还是难以建立起来。从这个角度来说大学组织的内部结构是相对松散的。并且，随着大学所处的环境越来越复杂，大学的行政事务也越来越多，除了传统的学术机构，大学的学术事务和行政事务管理机构也越来越多，大学的学术和科研组织要求遵循学术原则和学术逻辑来设置机构，而行政管理机构则遵循组组中的科层逻辑。

可见大学组织的职能和结构有着有自己的特性，而大学组织也有一般组织的特点，所营造的氛围和情境对学者的工作行为和思想也有着重要的影响和作用。大学尤其是研究型大学的组织目标是实现大学声望的最大化。大学之所以存在在于大学承担了保存高深知识、创造高深知识和传播高深知识的使命和责任。因此提供教学、科研和服务正是大学组织目标实现的唯一途径。大学组织赢得声誉的途径除了提供优质的教学之外，更要通过创造高深知识来实现，创造高深知识需要依靠学术研究，通过学术研究创新知识，实现大学组织引领社会的功能，同时为大学组织赢得较高的学术声望和社会声望。可见，大学的声誉一部分来自毕业生，另一部分来自大学教师。所以，对于大学而言，大学教师很重要；对大学教师而言，只要能够为大学赢得良好的声誉，就能够在大学中获得一定的地位。连接大学组织和教师的桥梁就是大学组织的激励制度，大学组织的教学、研究和服务评价机制、人事决策制度、资源分配制度等对教师的行为都有影响。

从已有研究文献来看，影响教师研究产出的组织环境条件包含的内容极为丰富，从不同层面上来说具有不同的解释，罗伯特在其《工作中的大学教师》一书中从研究、教学、院校使命等三个方面对大学教师工作的环境条件进行了阐述：一是所在工作机构的财政环境，财政环境条件将会影响到教师是否能够获得研究所需资源；二是学生群体、图书馆、实验室和其他可能影响到教师教学的环境条件；三是作用在教师和管理者身上的院校使命。① 而在关于大学教师研究产出或工作产出的研究文献中，对大学教师研究产出的影响因素的探讨主要包括两个方

---

① Robert T. Blackburn & Janet H. Lawrence, *Faculty at Work: Motivation, Ecpection, Satisfaction*, The John Hopkins University Press, 1995, p. 17.

面——个人因素和机构因素。这里的机构因素主要指高校类型如研究 I 型、研究 II 型等根据卡耐基大学分类而定的院校类别。也有学者将影响大学教师研究产出的个人因素之外的因素界定为"环境因素",这里的环境因素包括环境条件(如财政支持、教学科研和服务的使命及责任、学校所处地理位置、学生入学率、教学工作量、图书馆、科研资金是否充足和基础设施等)、制度环境(奖励机制、配备研究助理、教师评价机制、研究激励措施等)和家庭突发事件(子女出生、配偶生病、经济压力等)。① 在我国,对影响学者工作的研究多集中于制度和政策层面,如乔锦忠从工资和人事政策、学术委员会和人事委员会、学术评价机制、学术资源分配机制等四个院校层面的政策和制度对影响大学教师工作产出的因素进行分析,并从人事制度和工资制度改革的角度提出推进研究型大学教师激励机制的改革。

总的来说,影响大学教师工作行为的环境主要是校内环境和校外环境,校内环境主要包括校内大学组织根据组织目标需要而设计的评价机制、资源分配制度、提供工作设施条件等;校外环境指学术评价机制、政府科研政策、学术奖励机制等。然而,近年来我国高等教育的发展,却呈现出一种过度趋同的现象,即多数大学在组织目标、组织结构与组织行为方面存在着极高的趋同性。在组织目标上,多数大学都朝着综合性、研究型、大规模的方向发展。在组织结构上,多数大学的机构设置科层化现象严重,权力配置行政化主导明显。在组织行为上,多数大学的人才培养模式类似、专业设置内容雷同、教师管理机制接近、融资办学行为趋同。② 本书基于这种大学组织管理目标、模式和行为趋同的一般现象和大学教师工作的特点,将影响高校教师学术发表的组织背景因素锁定在院校层面的制度和政策上面,为此,本研究拟以中观层面的机构类型、工作环境条件(基础设施、人力配备、研究资金)、人事政策和院校学术资源分配机制等为基础对影响高校教师学术发表的组织背景

---

① Gustavo Gregorutti, *A Mixed-Method Study of The Enviromental and Personal Factors That Influence Faculty Research Productivity at Small-Medium, Private, Doctorate-Granting Universities*, School of Education, Andrews University, March 2008, pp. 59 - 60.

② 陈文娇:《我国大学组织趋同现象分析》,博士学位论文,华中师范大学,2009 年,第 i 页。

因素进行更加深入的探讨。

一个组织的目标决定了这个组织的结构、管理和生存状况。大学作为一种组织的存在是建立在为社会提供优质的教学、研究和服务的基础之上的。而不同的大学具有不同的发展目标和具体使命，这也就造成了不同类型大学的组织管理、政策与制度、组织氛围、资源配置方式等也有所区别。基于这一点出发。本书将大学教师所在院校分为三类大学，一类是"985工程"大学，二类是"211工程"大学，第三类是地方本科院校。表6—1的基本描述统计结果是不同大学类型中的大学教师的专业技术职务及最高学历状况。可以看出，"985工程"大学、"211工程"大学和地方本科院校中专业技术职务为高级职称（教授和副教授之和）的大学教师比例依次降低；同样地，这三类高校中大学教师的最高学历也表现出一致的趋势，"985工程"大学最高学历为博士的教师比例最高，地方本科院校最低。

表6—1　　　　　　　机构类型与教师分布结构　　　　　　　单位:%

	专业技术职务				最高学历		
	助教	讲师	副教授	教授	本科	硕士	博士
地方本科	23.3	33.5	30.5	12.6	28.9	53.8	17.3
211院校	15.4	43.8	26.7	14.0	22.1	47.1	30.7
985院校	12.3	31.7	37.1	18.9	8.5	37.4	54.1

为了更全面地了解不同机构类型的特征，本书以机构类型作为分组变量，将院校强调的研究类型、院校是否强调学校使命、学校是否强调工作绩效以及行政系统对教学科研的支持等因素作为院校基本背景作相关的分析。如表6—2所示，三类大学普遍强调学校使命，这种使命往往也成就了不同大学的机构特征。"985工程"大学和"211工程"大学比地方本科院校更强调跨学科研究，而地方本科院校和"211工程"大学比"985工程"大学更强调商业导向或应用性研究；可见，"985工程"大学更强调基础研究，而基础研究学术成果的价值往往不能直接通过商业或市场价格进行评价，而需要学术同行的鉴定和认可，被认同的学术成果往往能够为大学和教师赢得相应的学术成就和声望。工作

绩效关系到大学组织的发展和大学教师的晋升，是连接大学使命和教师追求声誉之路之间的桥梁，从统计结果来看，"985 工程"大学比"211工程"大学和地方本科院校更强调工作绩效。从学校对教学和科研支持之差来看，地方本科院校比"985 工程"大学和"211 工程"大学强调教学多一些；反之，后两者强调研究略多一些。

表 6—2　　　　**不同机构类型高校对教学和科研的支持情况**　　　　单位:%

项目 学校类型	学校强调 跨学科研究	学校强调商业导 向或应用性研究	强调 学校使命	学校强调 工作绩效	行政支持 教学	行政支持 研究
地方本科	49.9	41.8	64.2	58.0	48.1	47.4
211 院校	60.5	43.2	60.6	61.1	54.4	55.8
985 院校	62.4	39.5	65.3	69.3	53.2	54.7
总计	52.5	41.7	64.1	59.5	49.3	48.9

（二）工作条件

图 6—1 是大学教师对工作环境评价为"好"（"非常好"与"好"比例之和）的教师比例。可以看出，首先对院校提供的公共服务设施给予"好"的评价的教师比例最高，其中对现代教育技术的评价为"好"的教师比例最高，网络与电话设施的评价为"好"的教师比例相对较低，但教师比例也在40%以上；其次是办公室条件，评价为"好"的教师比例为36.6%；秘书等辅助人员评价为"好"的教师比例明显

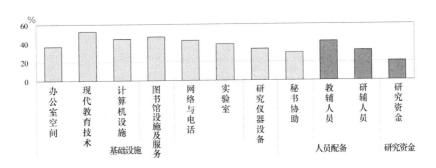

图 6—1　组织提供的工作条件

较低，但是尤为突出的是41.6%的教师对教学辅助人员评价为"好"，对秘书协助和研究辅助人员评价为"好"的教师比例约在30%；最后，仅有约20.4%的教师对院校提供的研究资金条件评价为"好"。

图6—2描述的是不同院校类型的大学教师对所在院校提供的工作环境的评价。可以看出，不同院校类型的大学教师对院校提供的工作环境评价呈现出如下特点。第一，不同院校类型的大学教师对办公室工作条件的评价趋于一致；第二，"985工程"大学和"211工程"大学中，对公共服务设施、实验室和研究仪器设备评价为"好"的教师比例明显高于地方普通高校的教师比例，并且，"211工程"大学对实验室和研究仪器设备评价为好的教师比例明显高于"985工程"大学的教师比例；第三，不同院校类型的教师对秘书协助、研究辅助人员的评价具有显著差异，对教学辅助人员的评价基本一致；最后，不同院校类型的教师对院校提供的研究资金条件的评价也具有显著差异，从描述统计的结果来看，"985工程"大学和"211工程"大学的教师对研究资金条件的评价好于地方本科院校。

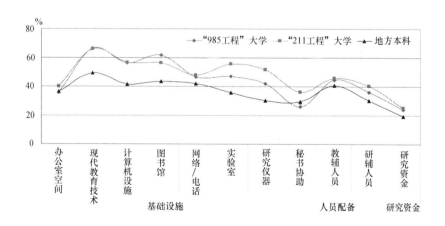

图6—2　不同类型的院校提供的组织工作条件

（三）人事政策

薪酬关系到大学教师最基本的生存和生活，而职位的晋升则关系大学教师的声誉和声望，而职位晋升与薪酬往往密不可分。大学教师往往被称为"学术人"，学术人以学术为业，同时学术也为其提供生存保障，这里的生存条件不仅包括一定经济收入保障下的作为一个社会人的生存，也包括追求学术声望最大化下的在这一职业中的生存。尽管大学教师普遍具有利他主义倾向，探究真理的情怀可能会使他们对物质和经济利益相对忽略，但是在有限的时间和资源条件的约束下，他们也同样希望自己的目标最大化。[①] 那么，在有限时间和资源约束条件下，教师追求声誉的行为过程与职位晋升是密不可分的，决定职位晋升的人事决策不知不觉中已经在引导教师的各种行为，并间接导致了教师的工作产出结果的偏向。大学教师的工作内容主要在教学、研究和服务三大领域，因此，学校人事决策时考虑教学、科研、实际需要还是其他，对教师的工作行为及产出结果至为关键。如表6—3所示，"985工程"大学和"211工程"大学人事决策考虑科研水平的比例明显高于地方本科院校；而人事决策考虑教学水平方面，三类大学的教师比例均不到50%；"985工程"大学明显低于"211工程"大学和地方本科院校，并且，人事决策考虑教学而在人事决策时考虑实际需要上，三类高校普遍处于较高水平。可见，一方面在我国三类大学的人事决策中重视科研而轻教学的现象依然存在；从另一方面说，研究型大学中，追求学术声望是研究型大学的重要职能，人事决策考虑科研水平的政策倾向在其中起到了重要作用。

表6—3　　　　　　　　高校人事决策情况　　　　　　　　单位：%

	人事决策考虑科研	人事决策考虑教学	人事决策考虑实际需要
地方本科	49.9	41.8	64.2
211院校	60.5	43.2	60.6
985院校	62.4	39.5	65.3
总计	52.5	41.7	64.1

再从不同院校评估科研情况的人员分布情况来看，学校系级领导在

① 乔锦忠：《学术生态治理——研究型大学教师激励机制探索》，教育科学出版社2008年版，第43页。

科研评估中所扮演的角色占据首要地位，其次是自我评估、校行政人员、校外评估和系级同行。从不同大学类别的分组情况看，各类评估人员的分布状况与整体情况基本一致。

表6—4   **不同院校科研评估人员分布**   单位:%

	系级同行	系级领导	校内他系	校行政	学生	校外评估	自我评估	无人评估
一般本科	21.1	50.7	17.0	37.7	10.3	23.8	37.4	7.9
211 院校	37.2	60.5	21.1	30.5	12.6	35.0	38.1	10.3
985 院校	34.7	65.0	12.3	28.9	10.9	22.1	36.4	7.7
总计	24.2	53.4	16.8	36.0	10.6	24.5	37.3	8.1

结合上述人事决策政策的基本描述统计分析结果，可以看出，我国大学组织中，人事决策是考虑教学水平还是科研水平与院校类别有较大的关系，研究型大学之所以具有较高的学术声望与该类大学人事决策最为重视科研有着非常密切的关系，但是各类大学普遍存在重科研、轻教学的现象也是不争的事实。科研评估方面，三类大学科研评估均以系级领导、自我评估、校行政人员评估和系级同行评估为主，其中行政政策的角色在科研评估中所占的比重非常大。

（四）组织中的资源分配机制

能够较好地控制和利用资源的教师具有良好的研究产出。院校资源配置这一研究领域发端于经济学研究领域，其中，资源的有限性和有用性是资源分配研究必要性的基点。资源如何进行最优化配置是大学组织发展必须切实面对的重要问题，它是维系大学组织运行和发展的人力资源、财力资源、和制度政策等综合在一起的激励机制。已有的研究表明，政府财政责任下移及相对完备的外部市场机制驱动下的资源配置渠道的狭窄，使中国院校总体上处于严峻的资源约束困境中。[1] 在我国，有限的院校资源不得不依靠合理的资源配置以提高资源的利用效率并促

① 杜驰：《论院校资源配置的国别特点与学术职业发展》，博士学位论文，华中科技大学，2009年，第85页。

进大学的发展。而在中国现行的高等教育体制下，各种量化考核指标充斥其中，并成为资源配置依赖的主要指标，如表6—5所示，认为基于绩效配置资源的教师比例基本过半，"985工程"大学和"211工程"大学的教师比例更是分别达到了55.8%和58.0%；不同层次和类型的院校在教学运行方面的情况千差万别，但是在强大的行政导向下又必须遵从教育部关于教学经费流向的统一规定，从而表现出明显的趋同现象①；这种趋同现象表现在基于评估配置资源方面（chi-square值13.340，Sig. 值.137）。而在基于学生数和毕业生数配置方面，三类高校有所不同，地方本科院校在这两个方面的表现均比较出色；相对于其他几种形式的资源配置方式，给予学生数配置资源在"985工程"大学和"211工程"大学中也比较出色。

表6—5 　　　　　　　不同类别院校的资源分配情况 　　　　　单位:%

	基于绩效配置资源	基于评估配置资源	基于学生数配置资源	基于毕业生数配置资源
一般本科	49.0	44.0	53.3	36.1
211院校	58.0	47.8	47.2	37.1
985院校	55.8	47.1	49.2	32.9
总计	50.5	44.7	52.3	35.8

二 组织背景因素与高校教师学术发表的关系

资源的变化影响研究生产力并最终决定科学家的声望和地位，顿达尔和刘易斯发现资源和教师高研究产出的研究生产力之间的正向关系。② 而院校类别和院校层次与教师研究产出水平之间的微妙关系已经不止一次地表明，研究型大学对高校教师研究产出的积极作用。承接上述对组织背景的初步分析，本节拟从组织背景因素的四个方面即机构类型、工作环境条件、

---

① 杜驰：《论院校资源配置的国别特点与学术职业发展》，博士学位论文，华中科技大学，2009年，第89页。

② Gustavo Gregorutti, *A Mixed-Method Study of The Enviromental and Personal Factors That Influence Faculty Research Productivity at Small-Medium*, *Private*, *Doctorate-Granting Universities*, School of Education, Andrews University, March 2008, p. 135.

人事政策和院校资源分配机制探讨其对高校教师学术发表的影响作用。

（一）机构类型与高校教师学术发表的关系

大学教师所在的院校组织环境与高校教师学术发表的关系已经由不同的研究从不同的侧面证实：那些兴趣倾向于研究并且在研究型大学工作的教师的工作成就是突出的。[①] 龙的研究证实了教师从高研究产出的单位流动到低研究产出的单位时，其研究产出也随之降低，当他再次流动到高研究产出的单位工作时，其研究产出又提高了。[②] 在美国，研究型大学教师的学术发表量明显高于非研究型大学教师的学术发表量已经是一个不争的事实，这都充分说明了院校机构类型带给大学教师学术产出的重要影响。而在我国，由于院校组织的管理具有较为强烈的行政主导色彩，大学组织的科研管理难免具有趋同现象，但是不同类型院校的教师结构如教师的职称结构、学历结构等都存在一定的差异，而这种差异也可能会造成不同类型院校研究产出的区别。具体统计结果如表6—6所示，从专业技术职务分组情况来看，控制了专业技术职务之后，地方本科院校、"211工程"大学和"985工程"大学教师的研究产出依次增加，副教授群体和教授群体的研究产出结果呈现出院校类型的显著差异。将最高学历作为分组变量之后，虽然"985工程"大学教师的研究产出明显高于另两类高校教师的研究产出，但是从方差分析结果看，非博士学历教师的研究产出并无机构类型上的显著区别，而博士学历的教师群体中，研究产出呈现出较大的差异。值得关注的是，地方本科院校中博士学历教师的研究产出甚至超过了"211工程"大学。本书对其中的原因进行了进一步的分析，研究发现，地方本科院校中40岁以下博士学历教师的比例为54.7%，"211工程"大学中这一年龄段博士学历教师的比例50.0%，而从这两个机构中博士学历教师不同年龄段同行评议期刊发表的统计情况来看，50岁以下的三个年龄段中，地方本科院校的博士学历教师都表现得比较优秀。

---

① Robert T. Blackburn & Janet H. Lawrence, *Faculty at Work: Motivation, Ecpection, Satisfaction*, The John Hopkins University Press, 1995, p. 77.

② Ibid. .

表6—6　　　机构类型不同、职称和学历不同的教师的研究产出　　　单位：篇

		地方本科	211	985	F	Sig.
专业技术职务	助教	1.9	2.2	1.3	6.836	0.001***
	讲师	2.1	1.8	2.2	0.718	0.488
	副教授	2.4	2.6	3.6	4.377	0.013**
	教授	2.4	3.9	5.2	6.548	0.002***
最高学历	本科	2.2	2.3	2.3	0.042	0.959
	硕士	2.1	2.2	2.5	1.295	0.274
	博士	2.4	1.6	3.1	2.459	0.086*

注：* $P < 0.1$，** $P < 0.05$，*** $P < 0.01$。

　　学校的发展定位以及发展需要无不左右着学校政策的制定和施行，在学术领域中，学科是最基本的学术单位，随着时代的发展，一些学科领域逐渐消失并有一些新型的学科领域出现，交叉学科或跨学科研究已经发展为新的学术领地，学术市场化以及大学服务职能的强调，使得商业导向和偏向应用服务社会的研究在大学尤其是与应用技术紧密联系的学科领域中悄然流行。在学校均强调跨学科研究、商业导向或应用性研究、强调学校使命和强调工作绩效的情况下，不同机构类型中教师的研究产出差异非常显著（如表6—7所示），研究型大学教师的研究产出均居于前列；同样地，无论学校行政系统是支持教学还是研究，研究型大学教师的研究产出仍然明显高于其他两类大学，并且，在学校行政系统支持学术自由的情况下，研究型大学教师的研究产出依然处于优势地位。

表6—7　　　机构类型不同、学校政策不同的教师的研究产出　　　单位：%

	地方本科	211 大学	985 大学	F	Sig.
学校强调跨学科研究	2.2	2.6	3.8	8.565	0.000***
学校强调商业或应用研究	2.4	2.7	2.9	0.752	0.471
强调学校使命	2.2	2.4	3.3	8.963	0.000***
学校强调工作绩效	2.3	2.5	3.4	8.065	0.000***

续表

	地方本科	211 大学	985 大学	F	Sig.
行政支持教学	2.2	2.2	2.9	2.954	0.052 *
行政支持研究	2.3	2.2	3.4	6.308	0.002 ***
行政支持学术自由	2.3	2.6	3.5	7.029	0.001 ***

注：* $P < 0.1$，** $P < 0.05$，*** $P < 0.01$。

由此可见，机构类型与研究产出之间的关系是密切的，西方学者只论证了机构类型尤其是研究型大学带给研究产出方面的益处。诚然，一方面研究型大学能够为大学教师提供良好的工作条件、宽松的研究氛围、更广阔的研究平台、充分的研究资金和出色的研究助理等，这些无疑都会成为大学教师学术产出的助推器；但从另一方面来讲，研究型大学在选聘教师时，只有符合其条件者才能入选，也即是说能够带来研究声望潜质的教师才有可能进入研究型大学工作。因此，本书的观点是，不同类型的大学固然带给教师不同的学术发展际遇，研究型大学能够为教师高研究产出提供良好的工作氛围，但同时教师也给研究型大学带来了一定的学术声望，二者不是单方向的作用关系，而是在互生互长的关系中完成彼此的发展目标的。

（二）工作条件与高校教师学术发表的关系

在教育经济学领域的研究中，对教师科研投入和产出之间关系的研究指出，研究投入尤其是研究资金的投入对科研产出的影响非常显著；工作条件如办公室空间、计算机及网络设备、实验室条件等都是与教师工作切身相关的环境，这些工作条件的好坏直接影响着教师对工作条件的满意程度。工作满意度与教师工作绩效之间关系研究的结果表明，教师的工作满意度对科研绩效确实存在明显的正面影响；以上组织环境与科研产出之间的关系研究给本书的研究假设提供了比较有力的佐证。同时，为了更好地分析不同机构类型中工作条件对教师学术发表的作用，本书设定了四个模型。模型一是所有大学教师对工作条件的满意度与其学术发表的关系，模型二至四是不同机构类型中教师所处工作环境与其学术发表的回归模型。如表6—8所示，模型一中，仅有秘书协助和研究资金条件对教师的学术发表产生显著影响，其余工作条件对学术发表并无影响；模型二是对地方本科院校中教师学术发表与工作条件之间关系的分析，可以看出，仅有研究资金条件对学术发表具有比较显著的影响，并且这种影响是负面的，也即是说地方本科院校中教师的学术发表受到研究资金条件的制约；模型三和模型四分别是对"211工程"大学和"985工程"大学教师研究产出与工作条件的关系分析，对"211工程"大学教师学术发表影响程度较大的是研究辅助人员、研究设备、研究资金和教辅人员，其中研究设备和研究辅助人员的配备与水平是约束该类大学中教师学术发表的负面因素。而中国的研究型大学中，研究资金条件和秘书协助条件是影响学术发表的重要因素，其中秘书协助条件对该类大学教师的学术发表具有负面作用。需要说明的是，模型二和模型三的方程显著性没有通过检验，也即是说这两个模型仅对样本数据有效，所得结果并不能推至四年制大学教师总体。

表6—8　　　　　　　　　组织提供工作条件与学术发表

	模型一	模型二	模型三	模型四
办公室空间	-0.020	0.012	0.020	-0.034
现代教育技术	0.002	-0.023	-0.027	0.027
计算机设施	0.011	0.020	-0.076	-0.003
图书馆设施及服务	0.021	-0.012	0.008	0.034
网络与电话	0.027	-0.003	0.085	0.062
实验室	-0.003	0.010	0.088	-0.014
研究仪器设备	-0.001	0.021	-0.188 *	-0.011
秘书协助	-0.073 ***	-0.010	-0.039	-0.183 ***
教辅人员	0.020	0.006	0.190 *	0.031
研究辅助人员	-0.026	0.000	-0.301 ***	0.001
研究资金	0.061 **	-0.047 *	0.151 *	0.230 ***

注：* P<0.1，** P<0.05，*** P<0.01。

　　通过以上分析可以看出，组织环境与大学教师学术发表的关系具有如下特点：第一传统的办公条件如办公室空间等对学术发表的影响比较微弱；第二，现代信息技术如计算机设施、网络与电话等对学术发表的影响也没有显现；第三，研究资金越充足，学术发表量越高；第四，院校类型对学术发表的影响非常显著，"985 工程"大学和"211 工程"大学等偏向于重视科研的高校，其学术发表明显高于倾向于教学的地方本科院校。

综上所述，组织工作条件如基础设施条件、人员配备、研究资金等这些与大学教师工作密切相关的环境条件和大学教师的工作整体满意度具有较高的相关度。

（三）人事政策与高校教师学术发表的关系

从组织管理学角度来说，组织支持感是员工感觉到的组织政策和组织管理者对员工工作支持的程度。当员工能够感受到组织管理者的态度倾向时，员工的工作行为就会受到组织政策制度的影响，相应的工作产出或工作绩效也会发生变化。单位内部的人事制度能够生动体现出一个单位对员工的管理态度。前面曾提到在有限时间和资源约束条件下，教师追求声誉的行为过程与职位晋升是密不可分的，决定职位晋升的人事决策引导着教师的各种行为，并间接导致了教师的工作产出结果的偏向。是否人事决策时倾向教学还是科研对大学教师的研究产出一定产生非常重要的影响呢？在大学教师的行为中，对于教学和科研的态度确实存在着厚此薄彼的现象，而这种厚此薄彼是否是人事政策造成的呢？从人事政策与教师工作兴趣之间的关系来看，人事决策时考虑教学或科研对教师偏好教学还是科研并无特别显著影响。

表6—9　　　　　　　　高校人事决策与研究产出　　　　　　单位：篇

	人事决策时	不强调	一般	强调	F	Sig.
地方本科	考虑科研水平	2.1	2.1	2.2	0.594	0.552
	考虑教学水平	2.2	2.0	2.2	1.139	0.320
	考虑实际需要	1.9	2.1	2.3	2.075	0.126
211 大学	考虑科研水平	4.3	2.3	2.2	2.273	0.105
	考虑教学水平	3.1	2.6	2.1	1.133	0.324
	考虑实际需要	2.1	2.3	2.5	0.195	0.823

	人事决策时	不强调	一般	强调	F	Sig.
985 大学	考虑科研水平	2.6	2.7	3.5	0.606	0.546
	考虑教学水平	2.3	3.5	3.3	0.620	0.539
	考虑实际需要	2.5	3.5	3.1	0.261	0.771

从人事决策考虑教学、科研还是工作实际需要三个方面考察其与大学教师研究产出之间的关系的话，强调教学水平、科研水平还是工作的实际需要，对大学教师研究产出的影响均非常微弱（如表6—9所示）。但是为什么教师对教学和科研投入的时间和精力还是不对等呢？这从多数学校人事政策方面可以找到其根源。虽然多数学校也呼吁大学教师重视教学工作，而事实上在人事任命和教师的职务晋升上，科研仍然是主要的考核指标。在有限的时间和精力投入以及获得回报不对等的情况下，教师要想得到相应的经济收入和职业地位，必然会向着最有利于得到既得利益的方向努力，尽管原则上来说教学和科研都应该是晋升的主要评价标准，但事实上，国家和院校机构的政策多数情况下都会直接或间接地鼓励在科研上表现出色的人，对科研投入较多的精力对教师来说能够为自己争取到更多实际利益。

（四）组织中资源分配机制与高校教师学术发表的关系

从组织发展的角度来看，组织的行为总是向着最有利于自己生存和发展的目标迈进，资源是组织赖以生存和发展的基础，资源如何分配更是关系到组织能否发展良好的关键，而学术资源的获取是大学和教师追求学术声誉最大化的根本。马尔凯（1976）指出，少数的精英不成比例地享用了大量的资源并得到同行的认可。[①] 每一位想成为学术精英并获得较高学术声望的学者都无一例外地希望获得较多的学术资源，正是基于这一点，院校的资源分配方式极大地影响着不同院系、学科和教师的发展态势。而教师也将根据学校资源配

---

① ［英］托尼·比彻、保罗·特罗勒尔：《学术部落及其领地：知识探索与学科文化》，唐跃勤、蒲茂华译，北京大学出版社2008年版，第88页。

置的方式不断地改变或调整自己的工作行为，以求达到学校制定的工作目标进而赢得相应的职业地位并获得相应资源以求职业生涯的持续发展。

　　本节基于绩效、评估、学生数和毕业生数四种资源分配方式探讨其与研究产出之间的关系，基本描述统计结果如表6—10所示，仅地方本科院校中基于评估和学生数配置资源对教师研究产出具有显著影响。"211工程"大学中配置资源方式对研究产出的影响均没有通过显著性检验。可能的解释是，基于毕业生数配置资源并不直接影响教师的晋升或学术成名之路，以研究型大学为例，这类大学中更加注重教师的科研能力与水平，学生数并不是其职业晋升上的考核要素，因而学校是否强调基于学生数配置资源与教师的教学科研工作行为及研究产出并无显著相关关系。

表6—10　　　　　　　**不同类别院校的资源分配与学术发表**　　　　单位：篇

您所在的学校		不强调	一般	强调	F	Sig.
地方本科	基于绩效配置资源	2.2	2.1	2.2	0.129	0.879
	基于评估配置资源	2.3	2.0	2.3	3.057	0.047**
	基于学生数配置资源	2.1	2.0	2.3	3.599	0.027**
	基于毕业生数配置资源	2.3	2.1	2.2	0.917	0.400
211大学	基于绩效配置资源	2.4	2.8	2.2	0.611	0.543
	基于评估配置资源	2.2	2.4	2.4	0.058	0.944
	基于学生数配置资源	3.1	2.3	2.4	0.502	0.606
	基于毕业生数配置资源	2.5	2.2	2.6	0.258	0.772
985大学	基于绩效配置资源	4.1	2.9	3.2	0.385	0.681
	基于评估配置资源	2.0	2.9	3.7	1.190	0.305
	基于学生数配置资源	4.9	2.6	3.2	1.537	0.216
	基于毕业生数配置资源	4.7	3.1	2.6	1.609	0.201

　　注：$^*P<0.1$，$^{**}P<0.05$，$^{***}P<0.01$。

　　院校通过基于评估和学生数等将固定的维持大学基本运行的经费资源分配给院系，与教学、科研等院校组织的核心目标与使命的直接关系不大。中国公共教育政策领域的国家主义理论倾向，使院校作为教育场域中的行动者，有必要将自身的长远利益与行动结果发生密切联系。[①]
而不同层次院校组织在组织管理、组织行为和组织职能等方面的同质化
倾向，使得各类大学对大学教师的激励机制普遍强调基于科研工作绩效
的考核，而这也造成了不同类别的高校教师普遍追求科研的职业定向，
也是使得除了与绩效评价相关之外的其他资源配置方式失去约束力的原
因所在。

三　多元线性回归分析结果

　　尽管从不同的组织因素与高校教师学术发表之间关系基本描述统计
结果的逐一单独分析结果来看，仅有少数组织背景因素如机构类型、研
究资金、人事决策时考虑科研水平、基于绩效或毕业生数配置资源等对
部分类型的高校教师的学术发表的影响通过了显著性检验。接下来，本
书将不同的组织背景因素纳入到回归方程之中，考察在控制了其他组织
背景因素后，某组织背景因素对高校教师学术发表的"净"作用。

　　从回归分析的结果来看，分别控制了其他组织背景因素之后，学校
跨学科研究、学校强调工作绩效、行政支持教学科研、基于绩效配置资
源、基于评估配置资源、基于学生数配置资源、基于毕业生数配置资
源、学校提供的秘书协助条件、研究资金条件、机构类型（以地方本
科院校为参照）等对大学教师研究产出的影响依然非常显著。对大学
教师研究产出影响大小的自变量的排序状况是：机构类型、基于评估配
置资源、学校提供的秘书协助条件、基于绩效配置资源、行政支持教
学、行政支持科研、学校强调工作绩效、学校提供的研究资金条件、基
于毕业生数配置资源、基于学生数配置资源和学校强调跨学科研究。其
中行政支持教学、基于绩效和毕业生数配置院系资源以及学校提供的秘
书协助条件等对大学教师的研究产出的影响是负面的。不难理解，在科
研绩效考核大行其道的今天，对科研的量化考核成为最直接也最容易操
作的方式，工作绩效的考核也不例外，量化考评指标充斥其中，这种急

---

① 杜驰：《论院校资源配置的国别特点与学术职业发展》，博士学位论文，华中科技大
学，2009 年，第 83 页。

功近利的考核方式使得教师不得不违背研究产出的规律而分出较多的精力放在短期的学术成果产出之上，极大地撼动了以大学教师围绕学术工作为核心的追求理念。这使得众多普通大学教师尤其是地方普通院校的大学教师在进行职业定向时，不得不面临价值取向与现实境况之间出现的巨大沟壑的现象，其职业生涯充满矛盾与不安。

表 6—11   科研成就影响因素的线性回归分析   单位：篇

自变量	B	Std. Error	Beta	t	Sig.
常数项	1.621	0.291		5.575	0.000
强调跨学科研究虚拟	0.344	0.281	0.031	1.223	0.222
强调学校使命虚拟	0.231	0.294	0.020	0.786	0.432
强调工作绩效虚拟	0.602	0.302	0.053	1.995	0.046 **
强调应用研究虚拟	0.175	0.275	0.015	0.637	0.524
行政支持教学虚拟	−0.741	0.391	−0.066	−1.898	0.058 *
行政支持科研虚拟	0.646	0.396	0.057	1.632	0.103
行政支持学术自由虚拟	0.198	0.287	0.018	0.691	0.489
人事决策考虑科研虚拟	0.019	0.345	0.002	0.054	0.957
人事决策考虑教学虚拟	−0.237	0.361	−0.021	−0.657	0.511
人事决策考虑需要虚拟	0.019	0.339	0.002	0.055	0.956
基于绩效配置资源虚拟	−0.821	0.334	−0.073	−2.454	0.014 **
基于评估配置资源虚拟	1.076	0.326	0.095	3.300	0.001 ***
基于学生数配置资源虚拟	0.527	0.310	0.047	1.699	0.089 *
基于毕业生数配置资源虚拟	−0.594	0.322	−0.051	−1.847	0.065 *
办公室条件虚拟	−0.096	0.313	−0.008	−0.306	0.760
现代教育技术虚拟	−0.054	0.303	−0.005	−0.178	0.859
计算机设施虚拟	0.058	0.332	0.005	0.175	0.861
图书馆虚拟	−0.055	0.304	−0.005	−0.180	0.857
网络虚拟	0.311	0.318	0.027	0.978	0.328
实验室条件虚拟	−0.148	0.392	−0.013	−0.377	0.706

续表

自变量	B	Std. Error	Beta	t	Sig.
研究设备虚拟	0.041	0.412	0.003	0.100	0.920
秘书协助虚拟	−1.010	0.354	−0.079	−2.851	0.004***
教辅人员虚拟	0.127	0.382	0.011	0.331	0.741
研辅人员虚拟	−0.203	0.426	−0.017	−0.477	0.633
研究资金虚拟	0.778	0.383	0.056	2.030	0.042**
机构类型虚拟1	0.498	0.470	0.024	1.060	0.289
机构类型虚拟2	2.066	0.373	0.129	5.540	0.000**

R^2: 0.042，Adjust R^2: 0.028，F 值为 3.117，Sig. 值为 0.000

* P < 0.1, ** P < 0.05, *** P < 0.01

逐步回归最终结果	B	Std. Error	Beta	t	Sig.
（Constant）	1.776	0.254		6.997	0.000***
强调跨学科研究虚拟	0.458	0.263	0.041	1.738	0.082*
强调工作绩效虚拟	0.670	0.291	0.058	2.298	0.022**
行政支持教学虚拟	−0.716	0.386	−0.064	−1.854	0.064*
行政支持科研虚拟	0.661	0.389	0.059	1.702	0.089*
基于绩效配置资源虚拟	−0.784	0.322	−0.070	−2.433	0.015**
基于评估配置资源虚拟	1.058	0.321	0.094	3.294	0.001***
基于学生数配置资源虚拟	0.527	0.301	0.047	1.752	0.080*
基于毕业生数配置资源虚拟	−0.581	0.320	−0.050	−1.818	0.069*
秘书协助虚拟	−0.991	0.319	−0.078	−3.112	0.002***
研究资金虚拟	0.792	0.349	0.057	2.271	0.023**
机构类型虚拟2	1.989	0.359	0.124	5.534	0.000**

R^2: 0.039，Adjust R^2: 0.034，F 值为 7.725，Sig. 值为 0.000

* P < 0.1, ** P < 0.05, *** P < 0.01

以上对影响高校教师学术发表的组织背景因素作了比较全面的探讨。从描述统计分析到回归分析逐步深入地分析了机构类型、工作环境条件、人事政策和组织中的资源分配机制等组织背景因素对大学教师研究产出的影响。具体研究结论有如下三点。

第一，机构类型对学术发表的影响非常显著。机构类型尤其研究型大学为大学教师学术发表以及职业发展带来的积极影响在西方研究里已经得到论证，我国学者在探讨学术精英的成名之路时，也无一例外地叙述到师出名校、师从大师等优越的学术背景是大学教师能够在学术界脱颖而出的必备条件。然而学术精英毕竟是少数，少数人的成功路径也许并不具有可复制性，不足以代表大学教师群体的整体规律和特征。本书取包含少数优秀学者的大学教师群体为研究对象的分析结果表明，教师所处的机构类型或层次确实为学术发表以及学术成名之路带来显著的影响。研究型大学为教师提供良好的工作条件和环境氛围等是教师高学术产出的助推器。同时，本书也认为研究型大学固然带给教师不同的学术发展际遇，但同时学术产出成果也给研究型大学带来了一定的学术声望，二者不是单方向的作用关系，而是互生互长的关系。

第二，研究资金条件与学术发表的关系也非常密切。研究资金是教师从事学术工作的物质基础和保障，每一位有志于追求学术声望最大化的教师总希望能够获得充足的研究资金作为学术事业发展的价值取向，能够获得充足的研究资金是具有较高学术研究能力的象征，同时，充足的研究资金也是教师安心科研、产出高水平学术成果的核心保障。因此，高校能否提供充足的研究资金条件是该校教师学术产出水平高低的关键。本书结果表明，在院校所有组织背景因素中，研究资金条件是对学术发表影响程度最大的因素。

第三，行政系统支持教学和基于绩效配置资源对学术发表具有消极作用。学校强调工作绩效对教师的学术发表确实有一定的积极作用，但这种工作绩效的考核多建立在量化考核之上，人事决策和资源配置是工作绩效考核的核心关键，工作绩效的量化考核有一定的积极作用，但研究的绩效往往并不是都能够在短期内实现的，有些研究的价值往往需要很多年以后才能够得到验证和认可。同时，短期的绩效考核和建立在短期考核基础之上的资源配置也容易促使教师变得急功近利，进而学术和研究价值观发生扭曲，滋生学术腐败和学术不端现象，对大学教师的学术事业和职业发展产生极其不利的后果。

第七章　高校教师学术发表
诸影响因素的关系

　　第四章至第六章对影响高校教师学术发表的个人与家庭背景因素、工作因素和组织因素等分别单独进行了比较深入的探讨，并将这些因素对高校教师学术发表的影响和作用程度进行了相应分析。但是，对于个人背景因素、工作因素和组织因素中哪一个对高校教师学术发表的影响程度最大，哪些因素弱一些，并没有整体上的把握与分析。另外，这三类因素之间是怎样的关系？如何对高校教师学术发表产生作用的？因此，仅仅明晰这三类因素对因变量高校教师学术发表的直接作用程度是不够的，必须进一步探讨影响因素之间的关系以及相互作用机理，才能够对影响高校教师学术发表的因素做更深层面的认识，以利于采取有针对性的激励措施和政策提高高校教师学术发表水平。换句话说，本章内容重点讨论组织环境（如管理政策、组织环境条件）和个人背景因素等是如何影响大学教师的工作行为与理念的，又是如何作用于高校教师学术发表的。

一　影响高校教师学术发表多因素的多元线性
　　回归分析及局限

　　综合第四章至第六章对高校教师学术发表影响因素的基本描述统计分析和分别独立进行的回归分析可以初步判断诸类自变量对因变量的作用情况，回归方程中自变量对因变量的作用是在控制纳入到本回归方程中其他自变量因素的情况下，某自变量对因变量的影响和贡献程度，对于没纳入方程中的其他因素，则未予考虑。为了更加全面地分析个人背景因素、工作状况和组织背景因素对高校教师学术发表的影响情况，本节将三个自变量（个人与家庭背景、工作情况、组织因素）以及三个自变量下的若干子自变量纳入到回归模型中，分析比较各自变量对因变量高校教师学术发表的直接作用程度。

（一）学术发表影响因素的线性回归分析

多元线性回归方程中各个自变量对因变量的作用程度是不同的，有些自变量的影响程度较大，有的影响程度较小甚至没有影响。这种毫无影响的自变量，放在回归方程中不仅毫无意义，而且使回归方程变得复杂，干扰了人们对因变量具有重要影响的自变量的分析。凡是在回归系数的检验中没有达到显著性水平的自变量，按理说都应从回归方程中剔除掉。但是，自变量之间或多或少都存在一些相关性，有些自变量在检验中不显著，可能是由于其他自变量的影响所致。[①] 因此，需要采用"逐步向后回归（Backward）"分析方法对自变量进行逐个分析，具体来说，先将所有自变量全部纳入回归方程，以标准回归系数为依据，逐一剔除绝对值最小且没有通过显著性检验的标准化回归系数，之后对余下自变量重新建立回归方程，直至方程完全达到要求。表7—1和表7—2分别是将个人背景因素和工作因素、组织因素和工作因素纳入到一个回归方程中的分析系数表。可以看出，经过逐步向后回归分析之后，对高校教师学术发表产生影响因素的自变量共有以下几个方面的特点。

1. 在控制了其他变量之后，个人背景诸子因素中仅有性别（以女性为参照）和家务劳动时间（以家务劳动时间 1 小时及以下为参照）等对学术发表具有显著影响。其中，男教师比女教师的学术发表高出0.4 篇，这也初步验证了第三章中所提的性别与学术发表之间关系的相关研究假设。年龄对学术发表具有积极的作用，年龄与学术发表之间的关系在这里得到验证。而父母受教育程度、配偶受教育程度和大学教师的婚姻及配偶工作情况、做家务劳动的时间长短等对学术发表的作用没有通过显著性检验，相应的研究假设未得到验证。

---

① 翁定军：《社会统计》，上海大学出版社 2006 年版，第 175—176 页。

表7—1　　学术发表影响因素的线性回归分析（个人背景与工作）　　单位：篇

自变量	B	Std. Error	Beta	t	Sig.
常数项	2.949	0.667		4.421	0.000**
性别	0.410	0.235	0.039	1.747	0.081*
年龄	0.044	0.019	0.069	2.332	0.020**
投入研究时间	0.014	0.008	0.042	1.826	0.068*
职称虚拟2	0.913	0.291	0.091	3.135	0.002**
职称虚拟3	1.347	0.383	0.123	3.517	0.000**
研究合作虚拟3	0.856	0.341	0.058	2.511	0.012**

注：R：0.299，R^2：0.019，Adjust R^2：0.017，df：6，F值为6.832，Sig.值为0.000。
* $P < 0.1$，** $P < 0.05$，*** $P < 0.01$。

2. 在以个人背景因素与工作因素、组织因素与工作因素对学术发表的影响因素分别建立的回归分析之中，大学教师对研究投入的时间长短、副教授和教授职称（以助教为参照）、跨校或跨国开展合作研究和国际合作研究等对学术发表具有显著的影响。而所在学科领域、最高学历、工作时间投入、工作兴趣、压力与负荷感、强调基础研究还是应用研究、单学科研究还是跨学科研究等对学术发表的影响并不显著，相应的研究假设未得到验证。

表7—2　　学术发表影响因素的线性回归分析（组织因素与工作）　　单位：%

自变量	B	Std. Error	Beta	t	Sig.
常数项	0.754	0.289		2.612	0.009**
投入研究时间	0.015	0.009	0.040	1.661	0.097*
职称虚拟2	0.740	0.283	0.067	2.613	0.009**
职称虚拟3	1.146	0.322	0.096	3.560	0.000**
研究合作虚拟2	0.487	0.278	0.043	1.755	0.079*
研究合作虚拟3	0.834	0.388	0.055	2.150	0.032**
强调工作绩效虚拟	0.447	0.258	0.042	1.736	0.083*
基于评估配置资源	0.748	0.254	0.071	2.951	0.003**
机构类型	1.136	0.351	0.078	3.234	0.001**

注：R：0.299，R^2：0.036，Adjust R^2：0.032，df：8，F值为8.628，Sig.值为0.000。
* $P < 0.1$，** $P < 0.05$，*** $P < 0.01$。

3. 组织背景因素——学校为"985 工程"大学（以地方本科院校为参照），基于评估结果配置资源和基于学生数配置资源等对学术发表具有显著的影响。而基于学生数、毕业生数配置资源、人事政策对教学和研究的支持、行政对教学科研和学术自由的支持、组织对跨学科研究和商业应用研究的强调、学校提供的基础设施（办公室、现代教育技术、计算机、网络、实验室和研究设备）、人员辅助及配备（教辅人员、研究辅助人员、教学辅助人员和秘书协助）等对学术发表均没有显著影响，相应的研究假设并未得到验证。可能的解释是，尽管处在某一大学和院系组织中，但大学教师的科研工作却具有相对自由的选择余地，老师可以根据自己的需要和爱好选择自己喜欢的专业领域而不完全受制于学校和院系的约束。

4. 从各自变量对因变量的作用程度上来说，教授职称（以助教职称为参照）对大学教师学术发表的影响最大，教授职称是对大学教师之前工作的认可和肯定，也是教师获得一定声望和地位的象征，按照学术界"已有的会再给，没有的将之夺去"的"马太法则"，以前的工作成就带给大学教师的将是更多的资源和更高成就的际遇。基于评估配置院系资源对大学教师学术发表的影响次之，其余依次是基于"985 工程"大学（以地方本科院校为参照）、性别、副教授职称（以助教为参照）、家务劳动时间、基于学生数配置资源、学科领域、跨学校合作研究和国际合作研究。

值得注意的是，虽然在诸多因素中工作压力对学术发表的作用并没有通过显著性检验，但这并不意味着工作压力与大学教师的工作和学术发表没有任何关系。我们的研究显示，表示工作压力大的教师的学术发表是低于工作压力小的教师的，适当的压力对学术发表具有积极作用，而压力过大对学术发表却有着明显的抑制作用。同时在我们的分析中显示，约有过半的大学教师感到工作压力大或很大，如果不及时找出教师工作压力大的具体根源并帮助教师减轻工作压力，对大学教师的学术发展乃至学校的发展都将产生消极的影响。

（二）回归分析对研究假设的初步验证结果及局限

以上对高校教师学术发表进行的回归分析的结果表明，个人背景、工作状况和教师所处的组织背景因素对大学教师的学术发表具有不同程度的作用。其中，个人背景因素中的年龄、父亲受教育程度、配偶工作状况（全职或兼职、是否是学者等）、家务劳动时间，与工作状况相关的变量工作时间的投入、与本单位同事合作研究和国际合作研究（以独立研究为参照）、学者注重基础研究还是应用研究、工作负荷、组织背景中的学校强调跨学科研究或应用研究、学校强调院校使命、学校行政人员支持教学还是科研、行政系统支持学术自由、基于毕业生数配置院系资源、学校提供的办公室条件、现代教育技术及计算机设施条件、实验室条件、研究设施条件、网络及服务条件和教学辅助人员等对大学教师学术发表产生影响的研究假设均没有得到验证。

多元线性回归分析模型中，各自变量处于相同的地位，对因变量的影响也是直接的，并且在线性回归模型中，前提假设是各自变量之间是独立的，无相互作用的关系，可以说，线性回归分析模型中反映的是多种因素导致一种结果的直接作用关系，是一种直接因果关系的分析。而现实中，事物之间的因果关系可能更为复杂，一个变量对因变量的作用，可能是直接作用，也可能是在其他变量影响下对因变量的间接作用。如果想分析变量之间的影响程度或因果关系程度，仅用线性回归分析是无法达到现实需求的。本书不仅停留在个人背景因素、工作状况和组织因素对高校教师学术发表的直接作用之上，更希望能够深入剖析这三类自变量之间的相互作用关系以及比较这三类自变量对因变量的直接影响程度和间接影响程度，分层线性模型分析方法是多变量之间关系的统计分析技术，可以用数据来说明多变量之间的相互影响程度或因果关系程度。可见，通过分层线性模型分析继续研究个人背景因素、工作状况和组织因素之间的关系以及这三者对高校教师学术发表的直接和间接影响，可以基本弥补描述统计和多元线性回归分析中的不足，对更客观、科学地认识自变量对因变量的影响程度，以及具有层次关系的自变量间如果发生作用并对因变量如何产生影响之间的关系具有重要意义。

二 影响高校教师学术发表多因素间的层次效应模型

一般来说，个人行为会影响到其工作行为、工作绩效和组织层面的绩效。组织行为理论主要研究的是组织中员工的个人行为与工作绩效之间的关系，主要是为了管理员工，提高员工的工作绩效，其最终目的是实现组织管理的目标。因此组织行为理论关注的员工的工作行为和工作绩效都要在组织的制度和政策等组织情境因素的影响和引导下才得以实现。也即是说，组织环境是通过对员工施加影响，进而作用于员工的工作行为，才会对员工的工作产出和工作绩效产生作用。对于大学组织来说，虽然大学看似是一个松散的组织，但是大学组织的基本功能——保存、创造和传播高深知识的职能是不会改变的，为了实现这一组织目标，大学也会有一定的制度设计，帮助教师完成大学的使命。在这种情况下，我们不难提出这样的假设：大学组织内的政策和制度以及为教师提供的工作条件等对教师的工作行为、工作理念和认知等均产生不同程度的影响和作用，也即是说教师的工作行为及工作认知在个人因素和组织因素共同作用下发生，不同的工作行为和工作认知产生不同的工作行为结果并导致职业成就的差异性。由于第四章至第五章已经初步得出哪些因素影响大学教师学术发表的结论，那么本节根据前面基本研究结论选取出的具体指标对影响高校教师学术发表诸因素之间关系进行探讨。

（一）对影响高校教师学术发表多因素间层次效应分析要点的介绍

分层线性模型是利用回归方程式将自变量、中介变量和因变量之间建立联系，并通过统计模型解释相关变量之间背后因果关系的一种分析方法。简单来说，分层线性模型的目的是在解释为何一组变量会有关系？它们是如何彼此相互影响的？其背后的数学逻辑及分析的基本素材是观测变量之间的共变结构。这种变量的层次间的效应在行为科学和社会学研究领域中十分常见，分层次分析的框架比传统的多元线性回归方程等方法有明显的优越性。本书在探讨个人背景与研究产出、工作状况与高校教师学术发表的关系时，不能忽视的问题是个人背景对大学教师的工作状况也具有一定的作用，而个人背景因素对工作状况的作用有多大？其通过工作状况对因变量—高校教师学术发表的作用程度如何？分层线性模型分析方法可以解决这类问题，这也是本章选择分层线性模型分析这三者之间层次效应的原因之一。

分层线性模型可以根据数据的嵌套结构分为二层模型、三层模型以及更高层级的模型。本节通过介绍简单的二层模型以说明分层线性模型进行层次效应分析的基本过程。进行分层线性模型的必要条件首先是必须满足自变量对因变量的估计值具有显著性。对于模型的具体表述如下。

层一模型　　　　$Y_{ij} = \beta_{0j} + \beta_{1j}x_{1ij} + r_{ij}$

层二模型　　截距模型　　$\beta_{0j} = r_{00} + r_{01}w_j + u_{0j}$

斜率模型　　　　$\beta_{1j} = r_{10} + r_{11}w_j + u_{1j}$

其中 β_{0j} 为与层二中的单位 j 相关的层一的截距，β_{1j} 为层一的斜率，x_{1ij} 系为层一预测变量，r_{ij} 为层一方程残差项或随机项；r_{00} 为层二截距模型中的截距，r_{01} 为层二截距模型的斜率，u_{0j} 为层二截距模型的残差或随机项，同理，r_{10} 为层二斜率模型中的截距，r_{11} 为层二斜率模型的斜率，u_{1j} 为层二斜率模型的残差或随机项。

零模型是分层线性分析的基础，主要考察因变量在各层间是否存在差异，其中层一模型和层二模型中均没有预测变量，如果因变量在各层间存在显著差异，就表示有必要进行分层线性模型分析。随机系数模型主要用于考察层一模型中引入的自变量对因变量是否存在显著影响。在以均值为结果的回归模型中，层一模型中未引入变量，层二模型中引入自变量，这时模型主要考察层二模型中的自变量对因变量是否存在显著影响。

（二）个人、组织背景对工作及研究产出的影响程度

较为常见的研究中一般将个人背景的差异作为自变量，考察其对因变量的直接影响，这种做法固然具有可取之处，而事实上，个人的性别、年龄、家庭背景、婚姻情况等背景因素往往并不直接影响大学教师的学术发表，而是通过影响大学教师的工作时间投入、研究合作或工作兴趣等因素，间接对大学教师的学术发表发生作用，例如，不同性别的教师对教学和科研的偏好可能不同，可能女教师多数喜欢教学多一些，而男教师对科研更感兴趣，而这种偏好的不同则成为男女教师学术发表存在差异的可能原因；而大学教师的年龄可以间接揭示其所处的职业生涯阶段，处于不同职业生涯期的教师其需求和目标追求也不尽相同，学术积累也存在较大差异，而这种需求、追求与职业积累的差异，成为大学教

师学术发表存在差异的可能原因。在教师工作时间投入、工作兴趣、工作压力、工作满意度研究的诸多文献里，对导致高校教师的工作时间投入、工作兴趣、工作压力、工作满意度出现差异的可能原因的分析表明，性别、年龄、父母受教育程度、婚姻状况等均是影响显著的致因。这些研究无一例外地揭示了个人与家庭背景因素和工作状况具有密切关系，而同时，之前的研究已经证实，个人与家庭背景因素对大学教师学术发表具有比较显著的直接影响。可见，个人与家庭背景因素对高校教师学术发表应该既存在着直接影响又存在着间接作用。因此，要想全面考察个人背景对高校教师学术发表的影响程度，必须将个人背景对高校教师学术发表的直接影响和间接影响全部纳入到分析和研究的视野当中。

基于上述观点，本书采用分层线性模型分析法对个人背景、工作行为如工作时间投入、研究合作与大学教师学术发表之间的进行层次效应分析。

1. 个人背景对大学教师工作及研究产出的影响程度

在本节中，将个人背景性别、年龄和家务劳动时间作为层二中的自变量，工作状况中的职称、投入研究工作中的时间长短、工作满意度和研究合作作为层一变量，研究产出作为因变量纳入分层线性模型中。个人背景、工作时间投入与高校教师学术发表之间关系的分层线性分析结果如表7—3所示。从个人背景对层一变量和因变量作用的截距项及研究合作斜率项的回归系数来看，性别对职称和研究合作的直接和整体作

表7—3　　　　个人背景对工作及研究产出的截距与斜率模型

层一变量	层二变量	Coefficient	Standard Error	T-ratio	P-value
截距1，β_0	截距2，r_{00}	49.779	8.123	6.128	0.000 ***
	性别，r_{01}	0.010	2.051	0.005	0.996
	年龄，r_{02}	0.165	0.082	2.013	0.048 **
	家务劳动时间，r_{03}	−0.160	0.145	−1.101	0.275
职称，β_1	截距2，r_{10}	−0.083	0.616	−0.135	0.893
	性别，r_{11}	−0.152	0.121	−1.257	0.209
	年龄，r_{12}	0.012	0.005	2.431	0.015 **
	家务劳动时间，r_{13}	−0.007	0.010	−0.706	0.480

续表

层一变量	层二变量	Coefficient	Standard Error	T-ratio	P-value
研究 时间 投入，β_2	截距2，r_{20}	-0.284	0.470	-0.605	0.545
	性别，r_{21}	0.100	0.124	0.803	0.422
	年龄，r_{22}	0.003	0.004	0.659	0.510
	家务劳动时间，r_{23}	0.002	0.007	0.327	0.744
工作 满意 度，β_3	截距2，r_{30}	0.836	0.657	1.271	0.204
	性别，r_{31}	-0.025	0.158	-0.158	0.875
	年龄，r_{32}	0.000	0.008	0.059	0.954
	家务劳动时间，r_{33}	-0.016	0.013	-1.238	0.216
研究 合作， β_4	截距2，r_{40}	0.055	0.742	0.074	0.941
	性别，r_{41}	0.378	0.229	1.649	0.099 *
	年龄，r_{42}	-0.010	0.010	-1.069	0.286
	家务劳动时间，r_{43}	0.006	0.016	0.34	0.733

注：* $P < 0.1$，** $P < 0.05$，*** $P < 0.01$。

用效应最大，换句话说，在控制了其他层二自变量之时，性别的差异对研究合作与因变量之间关系的影响都非常大。从完整模型的截距项层二变量的回归系数中，年龄的系数通过显著性检验且系数值大于0，这说明，年龄的增长有助于提高大学教师学术发表的可能性；在职称斜率项的层二变量系数之中，年龄的差异会影响到职称和学术发表的关系，同时这也表明年龄对学术发表的间接效应非常显著，这种间接效应通过作用于大学教师的工作进而对大学教师的学术发表产生影响。家务劳动时间对工作状况与学术发表之间关系的影响并不显著。

从分析结果来看，性别对学术发表的作用是比较复杂的，男教师在职称上具有绝对的优势，虽然分析中并不支持性别通过职称对学术发表产生影响作用，但事实上，职称对学术发表后续学术研究工作的开展和学术发表具有强烈的"马太效应"，这对大学教师的学术发表确实在某种程度上起到了积极的作用。而年龄对学术发表的作用也是丰富多彩的，但从年龄对学术发表的直接效应和间接效应来看，年龄对学术发表的均作用是正面的，并且从作用系数上来看是直接作用效应大于间接作用效应。

2. 组织背景对工作及学术发表的影响

根据分层线性模型必须满足的条件要求，本书在第四章对影响学术发表的工作变量进行回归，选取出对因变量影响显著的变量；第六章先用同样的方法对影响学术发表的组织因素进行线性回归，选取出对学术发表影响显著的变量；在第七章的第一节中将选取出的对因变量影响显著的组织因素和工作因素同时纳入回归方程中，选取最终进入到本节分层线性模型中的自变量。本书对这三者之间层次效应的分析结果有如下几点。

在截距项层二变量的回归系数中，控制了其他四类组织因素之后，机构类型在研究产出方面存在显著差异。在职称斜率项的层二变量系数中，机构类型对职称与学术发表之间的关系具有显著作用，并且系数显著大于0，这说明机构类型尤其是研究型大学对大学教师工作积累并促进大学教师学术发表具有积极作用。在研究时间投入斜率项的层二变量系数中，机构类型对研究时间投入与大学教师学术发表之间的关系具有显著作用，并且系数显著大于0，这说明机构类型尤其是研究型大学对教师的研究时间投入、大学教师的学术发表具有促进作用。同样地，在工作满意度斜率项的层二变量系数中，机构类型对工作满意度与学术发表之间的关系具有显著作用，并且系数显著大于0，这说明机构类型尤其是研究型大学对大学教师工作满意度并对学术发表具有积极作用。在研究合作斜率项的层二变量系数中，基于绩效配置院系资源和研究资金条件对研究合作与学术发表之间的关系具有显著作用，并且系数显著大于0，这说明基于绩效配置院系资源和研究资金条件对研究合作方式继而对学术发表具有积极作用，也即是说，学校越强调基于绩效配置院系资源、研究资金条件越好对大学教师采取跨单位、跨国际研究合作及研究产出越具有积极帮助。然而基于绩效配置院系资源对学术发表具有显著的积极作用，但是这种积极作用是短期效应还是长期效应有待进一考证。现在"计件"工作考核指标这种容易操作化的考核方式已经非常普遍，虽然管理者初步认识到量化管理带来的弊端，对教师的学术绩效考核中加入了期刊质量的要求，但是在有限的时间内达到一定数量的发表要求依然在发挥作用，教师还是会选择期刊中层次和水平相对较低且容易发表的期刊投稿。并且，由于时间的限制，学术文章本身也很难保证高水平。

表7—4　　组织背景对工作及学术发表的截距与斜率项统计结果

层一变量	层二变量	Coefficient	Standard Error	T-ratio	P-value
截距1，β_0	截距2，r_{00}	41.116	6.486	6.34	0.000 ***
	机构类型，r_{01}	3.029	0.718	4.219	0.000 ***
	学校强调工作绩效，r_{02}	0.039	0.140	0.275	0.784
	基于绩效配置资源，r_{03}	0.080	0.166	0.482	0.631
	基于评估配置资源，r_{04}	−0.025	0.172	−0.147	0.884
	研究资金条件，r_{05}	0.077	0.118	0.65	0.518
职称，β_1	截距2，r_{10}	−0.052	0.533	−0.098	0.923
	机构类型，r_{11}	0.117	0.065	1.802	0.071 *
	学校强调工作绩效，r_{12}	−0.008	0.011	−0.761	0.447
	基于绩效配置资源，r_{13}	−0.002	0.014	−0.145	0.885
	基于评估配置资源，r_{14}	0.003	0.015	0.22	0.826
	研究资金条件，r_{15}	0.009	0.009	0.952	0.341
研究时间投入，β_2	截距2，r_{20}	0.551	0.542	1.017	0.310
	机构类型，r_{21}	0.140	0.052	2.704	0.007 ***
	学校强调工作绩效，r_{22}	−0.011	0.012	−0.938	0.349
	基于绩效配置资源，r_{23}	0.007	0.013	0.535	0.592
	基于评估配置资源，r_{24}	−0.006	0.014	−0.414	0.679
	研究资金条件，r_{25}	−0.001	0.009	−0.122	0.903
工作满意度，β_3	截距2，r_{30}	0.179	0.487	0.367	0.713
	机构类型，r_{31}	0.205	0.058	3.552	0.001 ***
	学校强调工作绩效，r_{32}	0.007	0.011	0.672	0.501
	基于绩效配置资源，r_{33}	−0.008	0.013	−0.631	0.528
	基于评估配置资源，r_{34}	0.006	0.013	0.46	0.645
	研究资金条件，r_{35}	−0.009	0.010	−0.893	0.372

层一变量	层二变量	Coefficient	Standard Error	T-ratio	P-value
研究合作，β_4	截距2，r_{40}	-1.839	0.525	-3.503	0.001 ***
	机构类型，r_{41}	-0.017	0.052	-0.338	0.735
	学校强调工作绩效，r_{42}	-0.010	0.012	-0.842	0.400
	基于绩效配置资源，r_{43}	0.049	0.013	3.808	0.000 ***
	基于评估配置资源，r_{44}	-0.020	0.014	-1.425	0.154
	研究资金条件，r_{45}	0.018	0.009	1.95	0.051 *

注：* $P < 0.1$，** $P < 0.05$，*** $P < 0.01$。

学校强调工作绩效、基于评估配置资源对工作状况与学术发表之间关系的影响并不显著。虽然基于评估配置资源对学术发表的直接效应为正面的影响，但是其通过研究合作、投入到研究工作的时间长短的直接效应对学术发表的间接作用效果却是负面的，可见基于评估配置资源对研究工作行为的负面作用在一定程度上降低了其学术发表的正面作用程度。

机构类型对研究合作的帮助非常大，对中介变量研究合作的整体效应最高的自变量是机构类型，也即越是研究型大学的教师其研究合作也就越高级，会更多地开展跨学校或跨国际研究。并且研究型大学对大学教师投入到研究工作时间的长短和已有工作的激烈竞争均具有一定的积极作用，从机构类型对学术发表的直接效应和间接效应之和来看，机构类型对学术发表的影响最大，并且这种影响是积极作用，也即越是研究型大学，教师投入到研究时间中的时间越长，学术发表率就越高。

三　对影响高校教师学术发表多因素层次效应模型的检验

为了进一步验证层析效应模型的适用性，该研究还采用中国科协"2009年中国科技工作者家庭状况调查"中四年制本科高校教师调查的相关数据作为验证模型的数据蓝本，通过不同教师群体不同时间段的调查取样的差异性来检验模型是否可靠。由于数据获取的有限性，本书只能选取部分变量对影响高校教师学术发表诸因素之间的关系进行验证。个人背景、职称和工作时间投入与学术发表之间关系的验证结果如表7—5所示：个人背景中性别和年龄均对间接变量职称和工作投入及学术发表等产生显著影响。具体来说是：第一，男性对工作时间投入多于女性，且层二变量系数大于0，这表明，性别对工作时间投入与学术发表关系具有一定的积极作用；另外，性别差异对最高学位与学术发表之间的关系也具有一定的帮助。第二，从层二变量的回归系数来看，系数值大于0，年龄的累积对工作诸因素与学术发表之间的关系具有积极作用。概言之，个人背景通过工作情况对学术发表的作用以及个人背景对大学教师学术发表的直接作用在这里得到再一次检验。

表7—5 个人背景对工作及研究产出的截距与斜率项统计结果（验证分析）

层一变量	层二变量	Coefficient	Standard Error	T-ratio	P-value
截距1，β_0	截距2，r_{00}	0.005	0.057	0.080	0.938
	性别，r_{01}	0.633	0.921	0.687	0.509
	年龄，r_{02}	0.275	0.223	1.235	0.248
工作时间投入，β_1	截距2，r_{10}	0.085	0.027	3.160	0.002 ***
	性别，r_{11}	0.177	0.394	0.448	0.654
	年龄，r_{12}	0.013	0.100	0.127	0.900
工作满意度，β_2	截距2，r_{20}	0.101	0.027	3.751	0.000 ***
	性别，r_{21}	−0.173	0.431	−0.403	0.687
	年龄，r_{22}	0.023	0.104	0.224	0.823
职称，β_3	截距2，r_{30}	0.358	0.028	12.571	0.000 ***
	性别，r_{31}	−0.080	0.442	−0.181	0.857
	年龄，r_{32}	0.070	0.110	0.634	0.526
最高学位，β_4	截距2，r_{40}	0.146	0.028	5.169	0.000 ***
	性别，r_{41}	0.983	0.420	2.342	0.019 **
	年龄，r_{42}	0.023	0.107	0.211	0.833

注：* $P < 0.1$，** $P < 0.05$，*** $P < 0.01$。

接下来将对组织背景、工作时间投入和职称与高校教师学术发表之间的关系进行验证。这里的组织背景因素包括机构类型、组织提供的工作条件、政策环境等两大因素。分层线性模型的统计结果表明:在完整模型工作时间投入斜率项的层二变量回归系数当中,工作条件的系数显著大于0,说明良好的组织条件对工作时间投入与学术发表关系具有积极的作用。在工作满意度斜率项的层二变量回归系数当中,政策环境条件的系数显著大于0,这说明组织环境条件越好对工作满意度与学术发表之间的关系具有正面作用,而工作强度的系数显著小于0,表明工作强度与大学教师的最高学历、学术发表之间呈负相关。这些结果均表明,组织环境因素对大学教师的工作时间投入和职称均具有不同程度的直接或间接的作用,相关研究结论得到进一步的检验和验证。

表7—6 个人背景对工作及学术发表的截距与斜率项统计结果(验证分析)

层一变量	层二变量	Coefficient	Standard Error	T-ratio	P-value
截距1,β_0	截距2,r_{00}	0.099	0.093	1.062	0.330
	机构类型,r_{01}	0.188	0.140	1.348	0.226
	研究资金条件,r_{02}	0.020	1.135	0.017	0.987
	工作强度,r_{03}	−1.027	0.590	−1.743	0.131
	工作条件,r_{04}	0.317	0.564	0.562	0.594
	政策环境,r_{05}	0.776	0.658	1.179	0.283
工作时间投入,β_1	截距2,r_{10}	0.109	0.045	2.417	0.016 **
	机构类型,r_{11}	0.048	0.062	0.778	0.437
	研究资金条件,r_{12}	0.818	0.505	1.617	0.106
	工作强度,r_{13}	−0.274	0.255	−1.075	0.283
	工作条件,r_{14}	0.516	0.246	2.097	0.036 **
	政策环境,r_{15}	−0.351	0.279	−1.257	0.209
工作满意度,β_2	截距2,r_{20}	0.123	0.040	3.081	0.003 ***
	机构类型,r_{21}	0.036	0.063	0.565	0.572
	研究资金条件,r_{22}	−0.837	0.543	−1.541	0.123
	工作强度,r_{23}	−0.411	0.257	−1.600	0.110
	工作条件,r_{24}	−0.267	0.258	−1.037	0.301
	政策环境,r_{25}	0.644	0.297	2.167	0.030 **

续表

层一变量	层二变量	Coefficient	Standard Error	T-ratio	P-value
职称，β_3	截距2，r_{30}	0.404	0.040	9.999	0.000 ***
	机构类型，r_{31}	0.104	0.064	1.618	0.106
	研究资金条件，r_{32}	-0.247	0.513	-0.481	0.630
	工作强度，r_{33}	-0.173	0.267	-0.648	0.517
	工作条件，r_{34}	-0.019	0.263	-0.072	0.943
	政策环境，r_{35}	-0.054	0.314	-0.173	0.863
最高学历，β_4	截距2，r_{40}	0.169	0.039	4.304	0.000 ***
	机构类型，r_{41}	0.037	0.064	0.571	0.567
	研究资金条件，r_{42}	0.001	0.518	0.003	0.998
	工作强度，r_{43}	-0.517	0.267	-1.941	0.052 *
	工作条件，r_{44}	-0.083	0.263	-0.316	0.752
	政策环境，r_{45}	0.703	0.315	2.233	0.026 **

注：* P < 0.1，** P < 0.05，*** P < 0.01。

实践研究表明，无论是采用学术职业调查的数据还是近期调查的相关数据对高校教师学术发表影响因素关系模型的验证，都表明个人背景、组织环境因素通过作用于大学教师的工作状况（如工作时间投入或研究时间投入等）对大学教师学术发表施加影响。

总之，通过以上对影响高校教师学术发表的因素如个人背景、组织环境因素和大学教师工作状况之间的关系及其对高校教师学术发表影响和作用程度的分析，最终的结论显示，个人背景、组织环境和大学教师的工作状况如研究时间投入、研究合作、职称等对高校教师学术发表均有不同程度的影响和作用。

就个人背景、组织环境和研究时间投入、研究合作、职称等对高校教师学术发表影响程度来说，个人背景因素如性别和年龄对大学教师的工作状况和高校教师学术发表的影响程度都比较大，组织环境因素中的机构类型、资源配置方式和研究资金条件等对研究时间投入、研究合作、职称等工作状况和高校教师学术发表的影响程度也非常显著，其中，机构类型对大学教师的研究时间投入、研究合作、职称和高校教师学术发表的影响力度最大。同时，组织环境因素如学校强调商业应用或跨学科研究、人事决策方式、行政支持教学和科研的态度等对大学教师的工作偏好并无显著影响。

另外，就诸影响因素对高校教师学术发表的贡献程度来说，工作状况如研究时间投入、研究合作、职称对高校教师学术发表的贡献程度依次升高；组织因素方面，院校类型对大学教师的工作情况和学术发表的影响程度都非常大；组织对教学的支持、对科研的支持、对高校教师学术发表的支持三个维度都具有一定的负面影响；而现行的院系资源配置方式如基于绩效或基于评估配置资源的方式对研究工作时间投入、研究合作、职称和职业成就均有微弱的负面作用；个人背景、组织因素通过各方面工作因素作用于高校教师学术发表的程度多数高于各因素对高校教师学术发表的直接作用。

第八章　研究结论与政策建议

本书以通过描述统计分析、多元线性回归分析和分层线性模型分析等方法，以学术职业变革中中国大陆调查调研数据为条件，对影响高校教师学术发表的因素及诸影响因素之间的关系进行研究，对以往研究中高校教师学术发表影响因素如个人与家庭背景、组织环境因素和工作因素之间的关系作了深入探讨，并构建了高校教师学术发表影响因素的关系模型。同时，由于本书的研究假设、调查数据和本书笔者自身水平的限制，研究也存在不少不足之处，比如变量的选取不够精确和完善，分层线性模型的构建不够周密，等等。

一　研究结论

在完成上述研究之后，可以得出本书主要的研究结论，同时，这也是对第三章中提出的问题和研究假设的回答。

第一，个人及家庭背景与学术发表的关系。本书表明，个人和家庭背景因素对高校教师学术发表的影响不尽相同。个人背景因素中性别和年龄等对大学教师的职业地位有显著影响；其中男性比女性学术成就高这一事实再一次得到验证，而年龄对大学教师学术发表的积极作用也验证了本书提出的假设。家庭背景因素中仅配偶受教育程度和家务劳动时间对高校教师的学术发表产生显著影响；其他因素如父母受教育程度、婚姻状况等对高校教师学术发表均没有显著影响，相关的研究假设并没有得到验证。这也就是说高校教师学术发表受到个人自身特征的影响较多而受家庭背景因素的影响较少。

第二，工作情况与学术发表的关系。相关研究和本书的研究结果都显示，工作时间长短及工作时间分配（教学和研究工作时间投入）、研究合作、职称等对高校教师学术发表均具有显著的影响。可以说，从工作情况来看，研究方面的工作状况对学术发表各方面的影响均比较大，实证研究结果表明，研究时间投入、研究方式和职称与学术发表之间的密切关系均得到了不同程度的验证。并且从作用程度的回归分析结果来看，工作情况对学术发表的影响力度要高于组织环境和某些个人背景因素。可以认为，在大学组织中，研究工作时间投入、研究合作和职称等是影响高校教师学术发表水平高低的直接因素。

第三，组织环境与学术发表之间的关系。组织环境因素中的人事决策考虑教学水平和科研水平、研究辅助人员的水平、院校类型等因素对大学教师的职业地位影响显著，相关研究假设得到验证；院系基于评估结果配置资源的方式和研究资金是否充足是影响大学教师学术发表的显著因素。可以明显地看出，对于影响学术发表的客观因素，多依赖机构类型、学校人事决策和资源配置方式以及研究资金条件等环境因素的影响。

第四，高校教师学术发表诸影响因素之间的关系。依照本书理论依据和研究设计，本书认为个人及家庭背景和组织环境因素通过作用于大学教师的工作行为等工作状况进而对高校教师学术发表产生影响。对于个人及家庭背景与组织环境因素对工作行为的作用程度及对高校教师学术发表影响的实证分析结果表明，性别、年龄和最高学历等个人背景因素作用于大学教师研究时间投入等工作状况的程度略高于组织环境因素对工作状况的作用；同时，研究工作时间投入、研究合作、工职称等工作因素对高校教师学术发表的作用程度也不尽相同，在工作时间分配中教学时间投入对大学教师的职业地位和学术成果等的影响程度低于研究时间投入的影响，而研究合作中越是跨学校、跨国家开展研究活动，其对大学教师学术发表的影响就越积极。

二　政策建议

基于上述高校教师学术发表影响因素及诸因素之间关系分析的实证研究结论，本书认为可以从个人和组织两个角度对高校教师学术发表水平的提高提出建议。

从个人角度来看，首先应该尊重高校教师学术发表的性别差异，客观对待学术产出的性别差异，提高对高校青年女教师的学术关注度。学术产出的性别差异一直是西方研究者关注的研究课题，多数研究已经证明，学术女性在学术事业中处于弱势地位，无论是学术声望、职位、薪酬还是研究产出都普遍低于男性学者。但是并不能因此就忽视学术女性的职业发展，大学应该更多地关注学术女性这一重要的人力资源，协助女性学者进行职业生涯的开发和规划。要给具有学术潜力的青年女性教师较多的学术发展机会，如给他们能够作更大贡献的职位。对于女性在家庭中所持有的角色，大学也要采取积极的策略支持和帮助女性青年教师完成照顾家庭的角色。要了解女性教师在其职业生涯发展的不同阶段所面临的关键任务，从而帮助她们制订规划、细化目标并确保这些任务的实现。不要盲目地认为在统一、"客观"的激励体制之下，女性学者和男性学者可以获得相同的发展。①

其次，重视引进高学历人才，提高我国大学教师的准入门槛。博士教育主要通过严格的学术和科研实践来培养学生独立从事学术研究的能力和科研创新能力，科研创新和学术研究能力的一个重要表现就是学术发表，学术发表是学术产出的重要表现，也是一个学校学术生产力和学术竞争力的重要评判标准，因此，引进高学历人才是提高教师队伍质量和学校学术竞争力的重要条件，高等学校一直是毕业博士生的一个主要就业领域，是"吸纳硕士、博士毕业生的第一用户，大约有1/3的硕士，1/2的博士毕业后到高校工作"②。从我国高校专任教师的学位结构比例来看，1991年我国普通高校专任教师中具有博士学位的仅占1.17%③，2009年专任教师中拥有博士学位的教师人数占23.7%，博士学位教师的比例一直呈增长趋势。但是，我国由于传统用人机制和经济

① 文雪：《中国学术女性的职业发展——"玻璃天花板的存在及其突破"》，硕士学位论文，华中科技大学，2007年，第74页。
② 谢维和、王洪才：《从分配到择业——大学毕业生就业状况的实证研究》，教育科学出版社2001年版，第274页，转引自张英丽《论学术职业与博士生教育的关系》，博士学位论文，华中科技大学，2008年，第6页。
③ 根据1991—2006年《教育统计年鉴》中的数据计算而来。

体制的影响，教师学缘结构比较单一。① 欧美国家高校教师来源多样化，教师来自同一学校的最高比例不超过 30%，而且声望越高的高校来源于同一所学校的教师比例也越低，在很多学校，教师来源的学校数量至少有 30 个。② 近年来，我国高校教师的学缘结构呈现日益多元化的发展趋势，国内很多高校尤其是高层次大学开始效仿国外大学的做法，尽可能不留本校毕业生任教。③ 一言以蔽之，引进高学历人才尤其是不同学缘背景的高学历人才，不仅有利于加快学术创新、优化学术知识结构，而且对于提高高校教师学术发表水平具有潜在的积极作用。

再次，尊重高校教师学术发表的生涯发展阶段规律，对于处于职业起步阶段的青年学者来说，最初几年的工作经历对职业生涯的影响很大。研究表明，对新教师而言，职场工作的影响比研究生教育阶段的影响作用更大。克雷兹威尔对科研成果的研究分析发现，相关的研究都认为研究生教育对教师科研成果水平和数量的影响会逐步减弱，而教师的科研产出成果明显受到其所在学校的影响。④ 面对着各种角色、竞争和责任，新教师承担着较大的工作压力，我们的调查显示，75% 的年轻教师（30 岁及以下）有中等程度以上的工作压力，43.7% 的年轻教师表示自己的工作压力大，因此帮助处于职业生涯早期的教师尽快适应工作，改善其工作质量，是管理者必须重视的问题。职业生涯中期的教师也面临着工作压力和时间问题。处于职业生涯中期的教师通常工作任务非常繁重，压力最大。在这个阶段中还要完成大量的教学工作，同时也要完成相当数量的科研成果和学术论著；此外，由于学校在确定教师晋升和奖励标准中，用发表和论述评价科研，而教师教学方面的成就和价值得不到相应的认可，并且教师在职业生涯中期也面临着家庭生活中的责任和压力，也容易发生生活和工作上的变化。并且，职业生涯中期的

---

① 张立平：《师资队伍学缘结构的定量评价方法》，《辽宁教育研究》2007 年第 3 期。

② 张英丽：《论博士生教育与学术职业的关系》，博士学位论文，华中科技大学，2008 年，第 132 页。

③ 教育部《关于新时期加强高等学校教师队伍建设的意见》（http://www.gov.cn/gongbao/content/2000/content_ 60597. htm）。

④ Creswell J. F., *Faculty research performance: lessons from the science and social science*, Asheeric Higher Education Report 4, Washington: Assn. for the Study of Higher Education, 1985, p. 23.

教师是规模较大的群体，因此，应该帮助这一群体解决其面临的困难，使他们顺利获得较好的学术发表成绩。首先，可以帮助教师科学管理时间，帮助教师管理好自己的教学、科研和服务等工作时间，通过人事晋升中的评价、行政支持教学的激励机制让教师意识到教学工作的重要意义，防止优秀的教师脱离教学第一线；其次，通过专题讲座、研讨会或提供服务咨询等形式，向教师宣传科学时间管理和职业生涯发展规划的知识，使这一时期的教师能够掌握有效利用时间的方法，更好地应对教学、科研和服务工作，进而改善教师的工作质量，提高其学术发表水平。而职业生涯晚期的教师，无论在教学、科研还是提供服务方面，都积累了宝贵而丰富的经验，是学校宝贵的人力资源。对于他们，可以通过一系列的奖励和激励机制，使他们持续充满活力，完成数量较多、质量更高的教学和科研工作。

从组织角度来看，实证分析结果表明人事决策、院系资源配置方式和机构类型对大学教师的工作行为方式、研究合作和工作压力及负荷感等影响显著，这也就意味着组织的人事决策方式、院系资源配置方式等对工作行为方式等具有显著的调节作用，人事决策是对大学教师工作产出结果的评价，教学和科研是大学教师职业生涯中两个非常重要的工作职能，教师在学术事业中唯一的追求是获得同行的认可和评价，赢得良好的学术声望。在西方，终身教职身份是学术声望和工作成就被认可的标志，也是众多学者一致的追求，教学虽然不能像学术发表那样给学者带来学术声望，却能够让其在教学过程中获得传播知识和培养人才的成就感；在教师垂直上升的职业晋升路径中，获得教授职称是对其工作成就的认可和肯定。需要指出的是，学校的人事决策往往与一个学校的职能和使命紧密相连，只有教师对大学的教学和科研使命产生强烈的认知感并且认同这种理念时，教师才会向着这一使命和目标努力，并在该组织中取得与自己期望目标相一致的职业地位、学术发表水平和职业成就感。而我们的实证研究显示，无论"985工程"大学还是其他普通地方本科院校，虽然教师的职业成就有一定的差异，但其工作普遍对科研投入时间和精力较多，因此，人事决策如果鼓励教师正确认识"学术工作"的真正内涵，把教学作为学术工作的一种纳入到职业晋升评价之中，防止教师随着资历的提升脱离教学第一线，鼓励教师重新认识教学、科研及服务的关系，从本质上重视教学活动。其次，发挥院系资源配置方式对教师科研工作、教学工作取向等工作行为的指导作用，院系资源配置方式直接诱导工作行为发生变化，进而使得资源配置对高校教师学术发表产生影响。由于我国学术系统更多的是自上而下的资源配置方式，基于评估结果和基于学生数配置资源的方式固然在起作用，但这种静态的基于结果配置资源的方式能否充分激励教师的工作热情，提高大学教师科研产出质量有待进一步考评。建立一个基于绩效和评估结果等动态和静态相结合的资源配置方式是帮助大学教师获得更好的职业发展方向、提升学术发表水平中需要切实注意的问题。

三　研究创新与局限

（一）研究创新

本书基于学术职业全国大样本的调查，运用量化研究方法，采用基本描述统计分析、多元线性回归分析和分层线性模型等统计分析技术对高校教师学术发表影响因素及影响因素之间的关系进行多方面的研究，研究创新之处主要包括以下几点。

1. 发现了影响高校教师学术发表的核心因素及其作用程度

在以往研究中，很少有研究者对高校教师学术发表影响因素之间的关系以及影响因素的作用程度进行研究，并且研究的取样往往局限于以某一所院校或某一类院校为单位的研究，使得相关的研究比较零散而缺乏系统性和全面性。本书对影响中国高校教师学术发表的个人及家庭背景、工作状况和组织环境因素进行了系统而全面的分析，对已有高校教师学术发表影响因素的相关结论进行了证实和证伪，并依据组织行为理论构建了高校教师学术发表影响因素之间的关系模型，对诸影响因素之间的关系及其对高校教师学术发表的影响程度进行分析，明晰了个人与家庭背景、工作状况和组织因素中对高校教师学术发表具有影响的关键要素以及这些因素的作用程度。

2. 揭示了影响高校教师学术发表的个人与工作因素间的关系及作用程度

在以往的研究中，研究者大多拟定个人因素和机构因素对高校教师的学术发表的某一方面具有直接影响，实质上，这样得出结论的前提假设是各影响因素之间是独立的，并无相互关联，而事实并非如此。诸影响因素之间可能存在某种直接或间接的联系，某些因素的作用是较为直接的，而某些因素的作用是间接的，探讨诸影响因素之间的关系，有利于我们明晰各因素对高校教师学术发表的作用情况。而以分层线性模型统计方法对个人背景及家庭因素与大学教师工作状况之间的关系进行探讨，继而考察到关于个人背景对学术发表的作用情况的研究在国内几乎是一片空白，本书对个人与家庭背景和工作状况之间关系的研究表明，个人背景中性别、年龄与学术人的工作状况确实存在显著的作用关系，但并非性别、年龄与学术人工作状况的各方面关系均显著，不同的工作状况受到性别、年龄的影响程度各不相同，并且性别、年龄通过工作状况作用于学术发表的程度依然非常大。在组织行为学理论中，一般认为工作绩效受组织影响力的程度高于个人特征的影响，甚至认为个人特征是可以被忽略的。与之不同的是，大学作为一种组织，它的主要构成对象高校教师的工作行为等工作状况受到个人背景的影响程度与高校环境的作用程度几乎是平分秋色的。

3. 揭示了影响高校教师学术发表的组织与工作因素间的关系及作用程度

大学组织虽然具备一般组织的特点，但它也有自身的特殊性：大学组织是保存、创造和传播高深知识的场所，有保障学术自由的优良传统，这种制度为教师独立进行教学和科研创造了得天独厚的条件，组织环境如组织工作条件、人事决策和资源配置方式等均为激励大学教师发展学术事业，提升高校教师学术发表水平提供服务和保障。本书得出了对待大学组织不能像对待普通组织的认识，在深入了解大学组织的特点之后，再对大学组织进行制度和政策设计以达到更好地激励高校教师提升学术发表水平的目的。本书对已有文献中影响学术发表的组织因素进行梳理，结合本书可获得的调查数据，得出组织因素中机构类型本身的作用程度远高于机构类型内部资源配置、绩效评价等因素对高校教师学术发表作用程度的结论。

（二）研究局限

第一，本书基于学术职业变革中中国大陆调查数据为基础，在高校教师学术发表的指标选取上，由于数据获取的有限性，使得因变量的表征可能存在一定的偏颇性。对自变量的选取也是在已有数据的约束条件下进行，由于高校教师学术发表影响因素的复杂性，自变量的选取难免存在不足之处。因此，高校教师学术发表用哪些指标来表征，影响高校教师学术发表的因素如何设置才更加全面、合理，这些问题有待进一步完善。

第二，本书采用的数据主要来源于2006年"变革中的学术职业"中国大陆调查，对数据分析所得的结论存在一定的时效性；本书虽然对构建的关系模型进行了部分验证，但由于本书构建的关系模型是对之前高校教师学术发表影响因素及诸因素关系的分析，而非对未来高校教师学术发表影响因素及诸因素关系的预测。因此，在后续的研究中需要用新一轮或周期性的高校教师全面调查对此次研究结果进行全面而系统的检验和验证，从而科学地构建我国高校教师学术发表影响因素的关系模型。

参考文献

著作

［1］郑晓齐、王绽蕊：《研究型大学基层学术组织改革与发展》，清华大学出版社 2009 年版。

［2］乔锦忠：《学术生态治理——研究型大学教师激励机制探索》，教育科学出版社 2008 年版。

［3］王国维：《论近年之学术界》，转引自周锡山《王国维文学美学论著集》，北岳文艺出版社 1987 年版。

［4］蒋凡等：《近现代学术大师治学方法比较》，山东画报出版社 2008 年版。

［5］［美］罗伯特·K.默顿：《科学社会学散忆》，商务印书馆 2004 年版。

［6］中国蔡元培研究会：《蔡元培全集》（第三卷），浙江教育出版社 1998 年版。

［7］宋旭红：《学术职业发展的内在逻辑》，华中科技大学出版社 2008 年版。

［8］［德］马克思·韦伯：《学术与政治》，冯克利译，三联书店 1999 年版。

［9］［美］伯顿·克拉克：《研究生教育的科学研究基础》，王承绪译，浙江教育出版社 2001 年版。

［10］马万华：《从伯克利到北大清华——中美公里研究型大学建设与运行》，教育科学出版社 2004 年版。

［11］陈学飞：《 美国、日本、德国、法国高等教育管理体制改革研

究》，教育科学出版社 1995 年版。

[12] 倪文杰，刘家丰主编：《现代汉语常用词辞海》，中国建材工业出版社 2001 年版。

[13] 刘振铎：《新编中国四大辞书/现代汉语辞海》，黑龙江人民出版社 2002 年版。

[14] 赵红州：《科学能力学引论》，科学出版社 1984 年版。

[15] 周勇：《教育场域中的知识权力与精英学子》，北京师范大学出版集团 2010 年版。

[16] ［英］托尼·比彻、保罗·特罗勒尔：《学术部落及其领地：知识探索与学科文化》，唐跃勤、蒲茂华译，北京大学出版社 2008 年版。

[17] ［西班牙］奥尔特加·加塞特：《大学的使命》，徐小洲、陈军译，浙江教育出版社 2001 年版。

[18] ［英］约翰·亨利·纽曼：《大学的理想》（节本），徐辉、顾建新、何曙荣译，浙江教育出版社 2001 年版。

[19] ［美］罗伯特·M. 赫钦斯：《美国高等教育》，汪利兵译，浙江教育出版社 2001 年版。

[20] 张丽：《伯顿·克拉克的高等教育思想研究》，华中师范大学出版社 2008 年版。

[21] ［美］E. H. 施恩：《职业的有效管理》，仇海青译，生活·读书·新知三联书店 1996 年版。

[22] ［美］罗伯特·G. 欧文斯：《教育组织行为学》，窦卫林、温建平、王越译，华东师范大学出版社 2001 年版。

[23] ［美］马斯洛：《马斯洛人本哲学》，成明等译，九州出版社 2003 年版。

[24] 车文博：《当代西方心理学新词典》，吉林人民出版社 2001 年版。

[25] ［美］罗杰·L. 盖格：《研究与相关知识——第二次世界大战以来的美国研究型大学》，张斌贤、孙益、王国新译，河北大学出版社 2008 年版。

[26] ［美］埃里克·古尔德：《公司文化中的大学》，吕博、张鹿译，北京大学出版社 2005 年版。

［27］［美］希拉·斯劳特、拉里·莱斯利:《学术资本主义:政治、政策和创业型大学》,梁骁、黎丽译,北京大学出版社 2008 年版。

［28］［美］哈里特·朱克曼:《科学界的精英——美国的诺贝尔奖获得者》,周叶谦等译,商务印书馆 1979 年版。

［29］［美］罗伯特·金·默顿:《十七世纪英格兰的科学、技术与社会》,范岱年等译,商务印书馆 2007 年版。

［30］［美］罗伯特·K. 默顿:《科学社会学——理论与经验研究》(上册),鲁旭东、林聚任译,商务印书馆 2003 年版。

［31］［美］罗伯特·K. 默顿:《科学社会学——理论与经验研究》(下册),鲁旭东、林聚任译,商务印书馆 2003 年版。

［32］［美］约翰·S. 布鲁贝克:《高等教育哲学》,王承绪译,浙江教育出版社 2001 年版。

［33］［加］约翰·范德格拉夫等:《学术权力——七国高等教育管理体制比较》,王承绪、张维平、徐辉、郑继伟、张民选译,浙江教育出版社 2001 年版。

［34］［美］伯顿·克拉克:《探究的场所:现代大学的科研和研究生教育》,王承绪等译,浙江教育出版社 2001 年版。

［35］［美］约翰·达利、［加］马克·扎纳、［美］亨利·罗迪格:《规则与潜规则——学术界的生存智慧》(第 2 版),北京大学出版社 2008 年版。

［36］［美］理查德·鲁克:《高等教育公司:营利性大学的兴起》,于培文译,北京大学出版社 2006 年版。

［37］［美］詹姆斯·杜德斯达、福瑞斯·沃马克:《美国公立大学的未来》,刘济良译,北京大学出版社 2006 年版。

［38］贺祖斌:《高等教育大众化与质量保障》,广西师范大学出版社 2004 年版。

［39］周光礼:《学术自由与社会干预——大学学术自由的制度分析》,华中科技大学出版社 2003 年版。

［40］张卫良:《大学核心竞争力理论与实践研究》,中国海洋大学出版社 2006 年版。

［41］荀振芳:《大学教学评价的价值反思》,中国海洋大学出版社 2006

年版。

[42] 陈玉琨：《中国高等教育评价论》，广东高等教育出版社 1993 年版。

[43] ［美］菲利普·G. 阿特巴赫：《失落的精神家园：发展中与中等收入国家大学教授职业透视》，施晓光主译，中国海洋大学出版社 2006 年版。

[44] 张维迎：《大学的逻辑》，北京大学出版社 2004 年版。

[45] 王怀宇：《教授群体与研究型大学》，华中科技大学出版社 2008 年版。

[46] 潘锦棠主编：《劳动与职业社会学》，大地出版社 1991 年版。

[47] ［美］弗雷德·卢森斯：《组织行为学》，王垒、姚翔、童佳瑾等译，人民邮电出版社 2009 年版。

[48] 钱理群、高远东：《中国大学的问题与改革》，天津人民出版社 2003 年版。

[49] ［美］菲利普·G. 阿特巴赫：《变革中的学术职业：比较的视角》，别敦荣主译，中国海洋大学出版社 2006 年版。

[50] ［美］菲利普·G. 阿特巴赫：《21 世纪美国高等教育——社会、政治、经济的挑战》，王九逵等译，北京师范大学出版社 2005 年版。

[51] 别敦荣等：《论学术职业阶梯与大学教师发展·第四届高等教育质量国际学术研讨会论文集》（教师发展），厦门大学高等教育发展研究中心出版社 2006 年版。

[52] 杨加陆、袁蔚等：《管理学教程》，复旦大学出版社 2008 年版。

[53] 周雪光：《组织社会学十讲》，社会科学文献出版社 2003 年版。

[54] 邱皓政、林碧芳：《结构方程模型的原理与应用》，中国轻工业出版社 2009 年版。

[55] ［美］欧内斯特·L. 博耶：《学术水平反思：教授工作的重点领域》，转引自国家教育发展研究中心《发达国家教育改革的动向和趋势》（五），人民教育出版社 1994 年版。

[56] 刘献君等：《中国高校教师聘任制研究——基于学术职业管理的视角》，科学出版社 2009 年版。

[57] 郭丛斌：《教育与代际流动》，北京大学出版社 2009 年版。

[58]《马克思恩格斯全集》（第 26 卷），人民出版社 1972 年版。

[59] 张应强：《高等教育现代化的反思与建构》，黑龙江教育出版社 2000 年版。

[60] 胡仁东：《我国大学组织内部机构生成机制研究》，广东教育出版社 2010 年版。

[61]［美］伯顿·克拉克：《高等教育新论——多学科的研究》，王承绪译，浙江教育出版社 2001 年版。

[62] 谢维和、王洪才：《从分配到择业——大学毕业生就业状况的实证研究》，教育科学出版社 2001 年版。

[63] 翁定军：《社会统计》，上海大学出版社 2006 年版。

论文

[1] 王洪才：《现代大学制度的内涵及其规定性》，《教育发展研究》 2005 年第 11 期。

[2] 熊庆年、代林利：《大学治理结构的历史演进与文化变异》，《高教探索》2006 年第 1 期。

[3] 袁广林：《我国公立高校治理结构的改革——新制度经济学的视角》，《清华大学教育研究》2006 年第 2 期。

[4] 于文明：《深化我国公立高校内部治理结构改革的现实性选择——基于多元利益主体生成的视角》，《教育研究》2010 年第 6 期。

[5] 沈红：《论学术职业的独特性》，《北京大学教育评论》2011 年第 3 期。

[6] 周艳：《中国高校学术职业的结构性变迁及影响》，《清华大学教育研究》2007 年第 4 期。

[7] 邬伟娥：《知识转移视角的大学学术生产力研究》，博士学位论文，浙江大学，2006 年。

[8] 李志锋、杨开洁：《基于学术人假设的学术职业流动》，《江苏高教》2009 年第 5 期。

[9] 张英丽：《学术职业：国内研究进展与文献述评》，《大学·研究与评价》2007 年第 1 期。

[10] 陈伟：《西方学术专业比较研究——多学科视域中德、英、美大

学教师的专业化运动》，博士学位论文，浙江大学，2003 年。

[11] 陈悦：《学术职业的解读——哲学王的理想与现实》，《煤炭高等教育》2006 年第 3 期。

[12] 耿益群：《美国研究型大学学术职业的制度环境研究》，博士学位论文，北京师范大学，2007 年。

[13] 谢慧盈：《高校女教师低职业成就的文化原因探悉》，《海南师范大学学报》（社会科学版）2008 年第 3 期。

[14] 韩翼：《雇员工作绩效结构模型与实证研究》，博士学位论文，华中科大学，2006 年。

[15] 刘仁义：《高校教师科技绩效评价问题研究》，博士学位论文，天津大学，2007 年。

[16] 陈敬全：《科研评价方法与实证研究》，博士学位论文，武汉大学，2004 年。

[17] 杨震：《基于事业人假设的高校教师人力资源开发研究》，博士学位论文，华中科技大学，2005 年。

[18] 吕杰：《中国高等学校人力资本开发模式研究》，博士学位论文，北京交通大学，2006 年。

[19] 高军：《我国大学教师学术评价制度研究》，博士学位论文，南京师范大学，2008 年。

[20] 徐光宪等：《如何评价世界一流科学家的学术成就》，《科学对社会的影响》2002 年第 2 期。

[21] 关力：《麦克利兰和阿特金森及其成就需要理论》，《管理现代化》1998 年第 1 期。

[22] 马力：《职业发展研究——构筑个人和组织双赢模式》，博士学位论文，厦门大学，2004 年。

[23] 徐谡、王永康：《高校教师工作绩效的模糊评估方法探讨》，《电子科技大学学报》1991 年第 6 期。

[24] 吴湘萍、徐福缘、周勇：《高校教师工作绩效的影响因素分析》，《华东师范大学学报》（教育科学版）2006 年第 1 期。

[25] 曹爱华、王处辉：《研究型大学教师的职业成就评价指标探析》，《高等教育研究》2008 年第 11 期。

[26] 王忠军、龙立荣：《员工的职业成功：社会资本的影响机制和解释效力》，《管理评论》2008 年第 8 期。

[27] 吴湘萍、徐福缘、周勇：《高校教师工作绩效的影响因素分析》，《华东师范大学学报》（教育科学版）2006 年第 1 期。

[28] 陈晶瑛：《高校教师薪酬满意度对工作绩效和积极性的影响》，《中国人力资源开发》2009 年第 8 期。

[29] 纪晓丽、陈逢文：《工作压力对高校教师工作绩效的作用机制研究》，《统计与决策》2009 年第 16 期。

[30] 李晓轩、李超平、时勘：《科研组织工作满意度及其与工作绩效的关系研究》，《科学学与科学技术管理》2005 年第 1 期。

[31] 李志锋：《中国学术职业的国际竞争力研究》，博士学位论文，华中科技大学，2007 年。

[32] 林曾、高艳贺：《美国高等教育发达的背后：教授发表同行评审期刊文章之比较研究》，《高等教育研究》2008 年第 7 期。

[33] 杨晴、叶芃：《美国高校教师工作满意度研究——基于对美国全国教师调查数据的分析》，《高等工程教育研究》2009 年第 5 期。

[34] 李志峰、沈红：《论学术职业的本质属性——高校教师从事的是一种学术职业》，《武汉理工大学学报》（社会科学版）2007 年第 6 期。

[35] 徐光中：《工厂工人的工作满足及其相关因子之探讨》，《中研院民族学研究所集刊》，转引自冯磊《HUST 教师工作满意测评体系研究》，硕士学位论文，华中科技大学，2007 年。

[36] 张楚廷：《教育中，什么在妨碍创造?》，《高等教育研究》2002 年第 6 期。

[37] 张晓瑞：《我国科技、教育与现代化发展的关系研究》，博士学位论文，吉林大学，2007 年。

[38] 周文泳：《高校科研质量改进研究》，博士学位论文，同济大学，2006 年。

[39] 李爱民：《职业定位与大学教职员制度改革研究》，博士学位论文，华中科技大学，2006 年。

[40] 王全林：《“知识分子”视角下的大学教师研究——大学教师

"知识分子"精神式微的多维分析》，博士学位论文，南京师范大学，2005 年。

[41] 王光彦：《大学教师绩效评价研究——基于教师自主发展的探索》，博士学位论文，华东师范大学，2009 年。

[42] 周春燕：《复杂性视阈中的高校教师绩效评价研究》，博士学位论文，江苏大学，2009 年。

[43] 杨家骐：《组织行为面临的挑战及组织行为研究趋势》，《上海大学学报》（社会科学版）2010 年第 4 期。

[44] 魏海燕：《研发人员工作动力行为的探索性研究——基于中国样本的分析》，博士学位论文，复旦大学，2007 年。

[45] 王应密：《中国大学学术职业制度变迁研究》，博士学位论文，华中科技大学，2009 年。

[46] 陆根书、黎万红、张巧艳、杜屏、卢乃桂：《大学教师的学术工作：类型、特征及影响因素分析》，《复旦教育论坛》2010 年第 6 期。

[47] 刘英爽：《高校教师工作压力、控制点及其与工作绩效的关系研究》，硕士学位论文，大连理工大学，2006 年。

[48] 刘天印：《基于系统模拟的高校教师工作压力研究》，博士学位论文，华中科技大学，2010 年。

[49] 易红郡：《从编外讲师到终身教授：德国大学学术职业的独特路径》，《高等教育研究》2011 年第 2 期。

[50] 林曾：《夕阳无限好——从美国大学教授发表期刊文章看年龄与科研能力之间的关系》，《北京大学教育评论》2009 年第 1 期。

[51] 郭丛斌、闵维方：《教育：创设合理的代际流动机制——结构方程模型在教育与代际流动关系研究中的应用》，《教育研究》2009 年第 10 期。

[52] 文东茅：《家庭背景对我国高等教育机会及毕业生就业的影响》，《北京大学教育评论》2005 年第 3 期。

[53] 姚先国、黄志岭、逯岩：《家庭背景与子女高等教育的关系》，《山西财经大学学报》（高等教育版）2006 年第 1 期。

[54] 宣勇：《大学组织结构研究》，博士学位论文，华东师范大学，

2005 年。

[55] 陈文娇：《我国大学组织趋同现象分析》，博士学位论文，华中师范大学，2009 年。

[56] 杜驰：《论院校资源配置的国别特点与学术职业发展》，博士学位论文，华中科技大学，2009 年。

[57] 杜驰、沈红：《研究漂移视域下的学术职业定向》，《江苏高教》2008 第 2 期。

[58] 文雪：《中国学术女性的职业发展——"玻璃天花板的存在及其突破"》，硕士学位论文，华中科技大学，2007 年。

电子文献

[1] 张立平：《师资队伍学缘结构的定量评价方法》，《辽宁教育研究》2007 年第 3 期。

[2] 教育部《关于新时期加强高等学校教师队伍建设的意见》，（http：//www. gov. cn/gongbao/content/2000/content_ 60597. htm）。

[3] 龚波：《试论大学组织文化与大学教师发展的共生机制》，《中国高等教育》2001 年第 2 期。

[4] 胡金平：《大学教师和知识分子》，《高等教育研究》2005 年第 10 期。

[5] 教育部 2008 年教育统计数据，（http：//www. moe. edu. cn/edoas/website18/28/info1262244458513828. htm）。

[6] 教育部 1998 年教育统计数据，（http：//www. moe. gov. cn/s78/A03/moe_560/moe_570/moe_572/201002/t20100226_7641. html）。

[7] 中国科学技术信息研究所，中国科技论文统计结果（2009），（http：//www. istic. ac. cn/tabid/640/default. aspx）。

[8] 科技产出怎样才能与科技投入成正比？国家科技成果网，（http：//statistics. tech110. net/html/article_ 382588. html）。

[9] 中科院副院长李家洋称：科学家从政阻大师成才，（http：//news. xinhuanet. com/edu/2010 – 03/08/content_ 13120509. htm）。

[10] 科学技术部发展计划司：《2009 年我国专利统计分析》，（http：//www. sts. org. cn/tjbg/cgylw/documents/2010/100920. htm）。

[12] 戴维德·茨威格:《中国已成为吸引全球人才的磁石》,(http：// news. sina. com. cn/o/2006 - 08 - 12/04009726502s. shtml)。

[13] 海归只是二流人才？ (http：//view. ne ws. qq. com/a/20060826/ 000003. htm)。

英文文献
Books

[1] Carlse E. Glassik, Mary Taylor Huber, Gene I. Maeroff, *Schorlarship Assessed: Evaluation of the Professoriate*, San Francisco: Jossey-Bass, 1996.

[2] Logan Wilson, *The Academic Man: A Study in the Sociology of a Profession*, Oxford University Press, 1942.

[3] Martin J. Finkelstein, *The American Academic Profession: A Synthesis of School Scientific Inquiry Since World War II* , Ohio State University Press, 1984.

[4] Burton R. Clark, *The Academic Life: Small Worlds, Different Worlds. The Carnegie Foundation for the Advancement of Teaching*, Priceton: Princeton University Press, 1987.

[5] Mark J. Finkelstein, Robert k. Seal, Jack H. Schuster, *The New Academic Generation: A Profession in Transformation*, The Johns Hopkins University Press, 1998.

[6] TheodoreCaplow, Reece J. Mc Gee, *The Academic Marketplace*, Transaction Publishers, New Brunswick, New Jersey, 2001.

[7] Robert T. Blackburn & Janet H. Lawrence, *Faculty at Work: Motivation, Expectation, Satisfaction*, The Johns Hopkins University Press, 1995.

[8] Schuster, J. H. & Finkelstein, M. J. , *The American faculty—The restructuring of Academic work and careers*, Baltimore: the Johns Hopkins University Press, 1995.

[9] Burton R. Clark, *The Academic Profession: National, Disciplinary, and Institutional Settings*, University of California Press, Berkeley and

Los Angeles, California, 1987.

Thesis

［1］ Ernest L. Boyer, "*Scholarship Reconsidered: Priorities of the Professoriate*", *Carnegie Foundation for the Advancement of Teaching*, Princeton, December 1990.

［2］ Futao Huang, "Challenges of Internationalization of Higher Education and Changes in Academic Profession: A Perspective from Japan", *The Meeting of the Project*, *The Changing Academic Profession*, 2006.

［3］ Hong Shen, "Academic Profession in China: With a Focus on the Higher Education System. Article for the Workshop", *The Changing Role of the Academic Profession and Its Interface with Management and the meeting of the Project*, *The Changing Academic Profession*, Japan: Hiroshima, 2010.

［4］ Weiping Wang, "The Reviving of Academic Profession in China—The Case of Zhejiang ShuRen University", *A Dissertation of Boston College*, 2004.

［5］ Kevin Williams, "Troubling the Concept of the 'Academic Profession' in 21st Century higher education", *Higher Education*, Vol. 56, No. 5, 2008.

［6］ R. Rugene Rice, "The Academic Profession in Transition: Toward a New Social Fiction", *Teaching Sociaology*, Vol. 14, No. 1, 1986.

［7］ Philip G. Altabach, ed. , "The International Academic Profession: Portraits of Fourteen Countries", *NY: Carnegie Foundation for the Advancement of Teaching*, 1996.

［8］ Anthony R. Welch, "The Peripatetic Professor: the Internationalization of the Academic Profession", *Higher Education*, Vol. 34, No. 34, 1997.

［9］ Anthony Welch, Robert Clark and Jennifer Ma, "From Professor to 'Knowledge Worker': Profiles of The Academic Profession", *Minerva*, Vol. 45, No. 2, 2007.

［10］ Birnbaum, R. , "The Life Cycle of Academic Management Fads", *Journal of Higher Education*, Vol. 71, No. 1, 2000.

[11] Ashley PaulD' Sylva, "Examing Resource Allocation Within U. S. Public Research I Universities: An Income Production Function Approach", *A Dissertation of University of Arizona, from UMI*, 1998.

[12] Emily P. Hoffman, "Measurement of Faculty Productivity", *Atlantic Economic Journal*, Vol. 6, No. 2, 1978.

[13] Fiorenzo Franceschini et al, "Analysis of the Ch-index: an Indicator to Evaluate the Diffusion of Scientific Research Output by Citers", *Scientometrics*, Vol. 85, No. 1, February 2010.

[14] Bert CarlBuzan and Thomas Lynn Hunt, "Evaluating Faculty Performance Under the Equal Pay for Equal Work Doctrine", *Research in Higher Education*, Vol. 85, No. 1, 1976.

[15] Francine P. Hekelman, Stephen J. Zyzanski, and Susan A. Flocke, "Successful and Less-Succesful Research Performance of Junior Faculty", *Research in Higher Education*, Vol. 36, No. 2, 1995.

[16] Liora Pedhazur Schmelkin, Karin J. Spencer, and Estelle S. Gellman, "Facultty Perspectives on Course and Teacher Evaluations", *Research in Higher Education*, Vol. 38, No. 5, 1997.

[17] Augel Borrego et al, "Scientific Output and Impact of Postdoctoral Scientist: a Gender Perspective", *Scientometrics*, Vol. 83, No. 1, 2010.

[18] Mary Bucholtz1, "In the Profession: Peer Review in Academic Publishing", *Journal of English Linguistics*, Vol. 38, No. 1, 2010.

[19] AudreyBaneyx, "'Publish or Perish' as citation Metrics Used to Analyze Scientific Ourput in Humanities: International Case Studies in Economics, Geography, Social Science, Philosophy, and History", *Archivum Immunologiae Et Therapiae Experimentalis*, Vol. 56, No. 6, 2008.

[20] Enrique E. Batista, Dale C. Brandenburg, "The Instructor Self-Evaluation Form: Development and Validation of an Ipsative Forced-choice Measure of Self-perceived Faculty Performance", *Research in Higher Education*, Vol. 9, No. 4, 1978.

[21] Deborah AOrban, Allan J. Abedor, "Organizational Change and the

Development of Faculty Evaluation Systems", *Journal of Instructional Development*, Vol. 8, No. 1, 1985.

[22] Barnata Britingham, "Maintaining Professional and Clinical Proficiency: Models and Implications for Faculty Evaluation", *Journal of Personal Evaluation in Education*, Vol. 1, No. 3, 1988.

[23] Robert B. Pittman, John R. Slate, "Faculty Evaluation: Some Conceptual Considerations", *Journal of Personal Evaluation in Education*, Vol. 3, No. 1, 1989.

[24] I. Phillip Young, Dane A. Delli, Leroy Johnson, "Student Evaluation of Faculty: Effects of Purpose on Pattern", *Journal of Personal Evaluation in Education*, Vol. 13, No. 2, 1999.

[25] Jorge Brusa et al, "Academic Content, Research Productivity, and Tenure", *Journal of Economics & Finance*, Vol. 34, No. 1, 2010.

[26] Rebecca Long et al, "Determinants of Faculty Research Productivity in Information Systems: An Empirical Analysis of the Impact of Academic Origin and Academic Affiliatio", *Scientometrics*, Vol. 78, No. 2, 2009.

[27] John D. Jennings, "Faculty Productivity: A Contemporary Analysis of Faculty Perspective", *A Dissertation of Stanford University, from UMI*, 1998.

[28] Laurence Siegel, "A Data-Based Scheme For Evaluating Faculty Performance", *Research in Higher Education*, Vol. 8, No. 3, 1978.

[29] Thomas C. Noser, Herman Manakyan, and John R., Tanner, "Research Productivity and Perceived Teaching Effectiveness: A Survey of Economics Faculty", *Research in Higher Education*, Vol. 37, No. 3, 1996.

[30] Xin Yu, "Chinese Faculty in The Employment Transition: A Case Study of Zhejiang University", *A Dissertation of Boston University School of Education, from UMI*, 2008.

[31] Maria W. Provost, "A Study of Four Public Higher Education Institutions in Florida: The Relationships Between Faculty and Administrator

Goal Congruence, Faculty Productivity and Job Satisfaction", *A Dissertation of Florida Atlantic University*, *from UMI*, 2005.

[32] Keteven Manvniseishvili, Vicki J. Rosser, "International and Citizen Faculty in the United States: An Examination of their Productivity at Research Universities", *Research in Higher Education*, Vol. 51, No. 1, 2001.

[33] Charles L. Betsey, "Faculty Research Productivity: Institutional and Personal Determinants of Faculty Publications", *Review of Black Political Economy*, Vol. 34, No. 1, June 2007.

[34] Daniel Teodorescu, "Correlates of Faculty Publication Poductivity: A Cross-national Analysis", *Higher Education*, Vol. 39, No. 2, 2000.

[35] Gustavo Gregorutti, "A Mixed-Method Study of the Environmental and Personal Factors That Influence Faculty Research Productivity at Small-Medium, Private, Doctorate-Granting Universities", *A Dissertation of Andrews University School of Education*, *from UMI*, March 2008.

[36] Paul W. Jungnickel and John W. Creswell, "Workplace Correlates and Scholarly Performance of Clinical. Pharmacy Faculty", *Research in Higher Education*, Vol. 35, No. 2, 1994.

[37] Bryson, C., "The Consequences for Women in the Academic Profession of The Widespread Use of Fixed Term Contracts", *Gender Work and Organization*, Vol. 11, No. 11, 2004.

[38] Kevin C. Chung, Jae W. Song, Kim H. Myra, James O., Woolliscroft, Elisabeth H. Quint, Nicholas W., Lukacs, Margaret R., Gyetko, "Predictors of Job Satisfaction Among Academic Faculty Members: Do Instructional and Clinical Staff Differ?" *Medical Education*, Vol. 44, No. 10, 2010.

[39] Lin Zeng, Pearce Richard, Wang Weirong, "Imported Talents: Demographic Characteristics, Achievement and Job Satisfaction of Foreign Born Full Time Faculty in Four-year American Colleges", *Higher Education the International Journal of Higher Education & Educational Planning*, Vol. 47, No. 6, 2009.

[40] Bland, Carole J. , "The Changing Landscape of The Academic Pro-
fession: The Culture of Faculty at For-profit Colleges and Universi-
ties", *Journal of Hogher Education*, Vol. 79, No. 2, 2008.

[41] Ward M. E. , "Gender and Promotion in The Academic Profession",
Scotish Journal of Political Economy, Vol. 48, No. 48, 2001.

[42] Tierney, W. , "Organizational Socialization in Higher Education",
Journal of Higher Education, Vol. 68, No. 1, 1997.

[43] Harold E. Yuker, "Faculty Workload: Research, Theory, and Inter-
pretation", *ASHE-ERIC Higher Education Report*, No. 10, 1984.

[44] Singell Larry D. Jr, Lillydahl Jane H, Singnell Larry D Sr. , "Will
Changing Times Change the Allocation of Faculty Time?", *Journal of
Human Resources*, Vol. 31, No. 2, Spring 1996.

[45] Jeffery Fmilem, Joseph B. Berger, Eric L. Dey, "Faculty Time Allo-
cation", *Journal of Higher Education*; Vol. 71, Jul/Aug 2000.

[46] Albert N. Link, Christopher A. Swann, Barry Bozeman, "A Time Al-
location Study of University Faculty", *Economics of Education Review*,
Vol. 27, No. 4, 2008.

[47] Stephen R. Porter and Paul D. Umbach, "Analyzing Faculty Workload
Data Using Multilevel Modeling", *Research in Higher Education*,
Vol. 42, No. 2, 2001.

[48] AnaMaria, Tuner Lomperis, "Are Women Changing the Nature of the
Academic Profession?", *The Journal of Higher Education*, Vol. 61,
No. 6, 1990.

[49] OlgaBain, William Cummings, "Academe's Glass Ceiling: Societal,
Professional-organizational, and Institutional Barriers to the Career Ad-
vancement of Academic Women", *Comparative Education Review*,
Vol. 44, No. 4, 2000.

[50] Linda J. Sax, Linda Serra Hagedorn, Marisol Arredondo, and Frank
A. Dicrisi III. , "Faculty Research Productivity: Exploring the Role of
Gender and Family-Related Factors", *Research in Higher Education*,
Vol. 43, No. 4, August 2002.

[51] J. Jill Suitor, Dorothy Mecom and Ilana S. Feld, "Gender, House-hold Labor, and Scholarly Productivity Among University Professors", *Gender Issues*, Vol. 19, No. 4, 2001.

[52] Cole, J. R., and Zuckerman, H., "Marriage, motherhood and research performance in science", *Scientific American*, Vol. 256, No. 2, 1987.

[53] GaryS. Becker, "A Theory of The Allocation of Time", *Economic Journal*, Vol. 75, No. 299, 1965.

[54] Creswell J. F, "Faculty Research Performance: Lessons From the Science and Social Science", *Asheeric Higher Education Report* 4, *Washington: Assn. for the Study of Higher Education*, 1985.

[55] Douglas L. Dean, Paul Benjamin Lowry, Sean Humpherys, "Profiling the Research Productivity of Tenured Information Systems Faculty at US Institutions", *Mis Quarterly*, Vol. 35, No. 1, 2011.

[56] Leung T. W., Siu O. L., Spector P. E., "Faculty Stressors, Job Satisfaction, and Psychological Distress Among University Teachers in Hong Kong: The Role of Locus of Control", *Intenational Journal of Stress Management*, Vol. 7, No. 2, 2000.

[57] Flora F. Tien and Robert T. Blackburn, "Faculty Rank System, Research Motivation, and Faculty Research Productivity: Measure Refinement and Theory Testing", *Journal of Higher Education*, Vol. 67, No. 1, 1996.

[58] Bellas, M. L., & Toutkoushian, P. K., "Faculty time allocations and research productivity: Gender, race and family effects", *Review of Higher Education*, Vol. 22, No. 4, Summer 1999.

Others

[1] Simon Schwartzman and Elizabeth Balbachevsky, *The Academic Profession in Brazil*, http://nupps. usp. br/downloads/docs/dt9301. pdf.

[2] Zalimiene, Laimute, *The Significance of Social Welfare Guarantees' for Choosing Academic Profession: the Case of Lithuanian PhD Students*, Filosofija-Sociologija, 2009, http://apps. webofknowledge. com/full _

record. do？ product ＝ WOS&search ＿ mode ＝ GeneralSearch&qid ＝
1&SID ＝ Q1fkhPh4gE2DfHH4ioI&page ＝ 1&doc ＝ 10.

［3］ Mamiseishvili Ketevan，Rosser Vicki J. ，*International and Citizen Fac-
ulty in the United States：An Examination of their Productivity at Research
Universities*，Research in Higher Education . 2010. http：//www. spring-
erlink. com/content/223x16q25j64v522/.

［4］ Norvell Katrina Herndon，*Examining Community-engaged Scholarship in
Public Administration Programs*，Abstract，Portland State University，
2010. http：//proquest. umi. com/pqdweb？ did ＝ 2172794571&sid ＝
1&Fmt ＝ 2&clientId ＝ 43450&RQT ＝ 309&VName ＝ PQD.

［5］ Ju. ，Ming，*The Impact of Institutional and Peer Support on Faculty Re-
search Productivity：A Comparative Analysis of Research vs. Non-research
Institutions*，Abstract，Seton Hall University，2010. http：//proquest.
umi. com/pqdweb？ did ＝ 2167210801&sid ＝ 1&Fmt ＝ 2&clientId ＝
43450&RQT ＝ 309&VName ＝ PQD.

［6］ Lassiter，Ernestine B. ，*Values That Motivate Faculty to Relinquish or
Decline Tenure*，Abstract，Capella University，2009. http：//proquest.
umi. com/pqdweb？ did ＝ 1751437761&sid ＝ 1&Fmt ＝ 2&clientId ＝
43450&RQT ＝ 309&VName ＝ PQD.

［7］ Shenouda，Steven G. ，*Doctoral Program Quality and Scholarly Pro-
ductivity*，Abstract（Summary），University of Miami，2010. http：//
proquest. umi. com/pqdweb？ did ＝ 2241202731&sid ＝ 2&Fmt ＝
2&clientId ＝ 43450&RQT ＝ 309&VName ＝ PQD.

［8］ Yoshimura，Miki. Female Ph. D. ，*completion：How Field of Study Mod-
erates the Predictive Relationships Between Social and Academic Interac-
tions With Faculty，Research Productivity and Degree Completion* ，Abstract
（Summary），Old Dominion University，2010. http：//proquest. umi. com/
pqdweb？ did ＝ 2066509151&sid ＝ 2&Fmt ＝ 2&clientId ＝ 43450&RQT ＝
309&VName ＝ PQD.

［9］ Philip A. Armstrong ，*Time Preference，Personality and Psychologists'
Research Productivity*，Texas A & M University-Commerce，2009. http：//

proquest. umi. com/pqdweb? did = 2026860191&sid = 2&Fmt = 2&cl-
ientId = 43450&RQT = 309&VName = PQD.

[10] Brewster, Andrea Eileen, *Gender Equity in The University*: *A Study of
Women Faculty's Higher Education Experiences in Mexico and the United
State*, Abstract. University of California, Los Angeles, 2006. http: //
proquest. umi. com/pqdweb? did = 1196416981&sid = 1&Fmt =
2&clientId = 43450&RQT = 309&VName = PQD.

[11] Schneider P. B. , *Women and Men in Academic Professions*: *Profession-
al Developing and Professional Success*, Zeitschrift Fur Arbeits-Und Or-
ganisation Rganisations Psychologie, 2005, http: //apps. webofkno-
wledge. com/full_ record. do? product = WOS&search_ mode = Gene-
ralSearch&qid = 1&SID = Q1fkhPh4gE2DfHH4ioI&page = 4&doc =
33&cacheurlFromRightClick = no.

[12] Serpe Richard T. and Others, *CSU Faculty Workload Study. Final Re-
port*, 1990, http: //.www. eric. ed. gov/PDFS/ED348917. pdf.

[13] Mamiseishvili Ketevan, *Foreign-born Women Faculty Work Roles and
Productivity at Research Universities in the United States*, Annual Meet-
ing of the American-Educational-Research-Association, Higher Educa-
tion, 2010, http: //www. springerlink. com/content/ju7091m138438jjp/.

致　谢

　　本书是在我的博士学位论文《中国学术职业成就影响因素的实证研究》的基础上加工、修改、丰富而成的。

　　修改完书稿时，夜色正在沉潜。记不清有多少个这样的夜晚，与孤灯、清茶和电脑做伴。就在此刻，凝望窗外，氤氲的灯光加上尚未褪去的白日的暑热，把我拉到了六年前那段难忘的时光。六年前的那个暑假，我怀着无比激动的心情来到喻家山下，在导师沈红教授的指导下开始博士生涯，七八月的武汉酷暑难当，导师必每日早早出现在办公室，沉浸于学术研究之中，从那一刻起，导师用生命做学术和以学术为生、以学术为乐之情怀深深烙进了我的心里。三年的博士生涯中，我的每一步成长和进步都离不开导师耐心的指导和关怀。在我的博士选题之时，导师反复与我一起讨论，帮我分析我作研究的长项与不足，并对我作研究过程中可能面临的问题给出详细的指导建议；之后论文框架的确定和全文的修改等每一个环节，都得到了导师非常悉心的指导。当我遇到学术上的困惑向导师求助时，导师总是倾尽所有耐心点拨我，记得有一次我向导师说我做论文遇到一个难题，导师跟我深入讨论之后，我豁然开朗。不久，在一次学术会议上，导师遇见一位学者，在交流的过程中导师发现这位学者的研究对我做论文很有帮助，会议之后，导师特地把我留下，送给我一本该学者的新书嘱咐我好好研读。捧着这本书，我仿佛看到了导师对我潜心学术的殷殷期望。三年中，记不清多少次与导师一起出差参加学术会议，印象最为深刻的是两次赴京参加学术会议，2009年10月赴京参会，会议之后导师作为专家可去国家大剧院观看演出，而我是学生，本没有资格去，但导师反复与会务组沟通，并自己掏钱为我买到一张昂贵的演出门票，这是我近三十年来观看的最为昂贵也是最为难忘的一次演出！2010年底导师作为特邀专家赴北京作学术报告，导师看到这次会议议题后，认为这次会议对我的学位论文非常有帮助，适逢春运，一票难求，恩师为了我能开阔视野学习知识，购买了全价往返机票让我参会。回首这三年，恩师对我的关怀无微不至，在师门之中，我是恩师最为关心，也最为费心的弟子，进入博士第三年，我也开始考虑就业问题，每次有面试机会时，导师总是指点我很多面试应该注意的问题，为了帮助我准备好面试，恩师组织团队模拟面试现场演习，并不停地鼓励我，给我打气。每每想起，心中的温暖难以言表，有这样的导师，还有何求？学高为师，德高为范，恩师用她高尚的学术品格和人格魅力让我这个刚入学术之门的弟子深刻感受到了学术的神圣和学术人的纯净与美丽。

感谢刘献君老师，每次聆听刘老师的讲座都让我的心灵得到一次升华，他的学识、仁厚、严谨让我学习和领略到了为人师表的真谛。感谢贾永堂教授，在我的博士论文的选题、构思、写作过程中，贾老师给予了很多启发我思考的建设性意见。

本书的开题报告中，还得到林曾教授、张晓明教授、贾永堂教授、陈廷柱教授的指导与帮助。他们对我的学位论文的选题、研究思路提出了许多宝贵意见，让我深受启发。感谢涂又光先生、张应强教授、别敦荣教授、赵炬明教授、李太平教授、陈敏教授、余东升教授，他们精彩的课堂授课和学术报告对我颇有启发。感谢王开建老师、董中专老师、夏薇老师。

感谢我的硕士导师张屹教授，是她把我带进了学术研究的殿堂，在学术研究和生活上都给予我很多的指导和帮助。在攻博期间，张老师依然十分关心我的成长生活，并时时给予指导和关照。

感谢恩师带领的团队特别是我的同门李志峰师兄、沈华师姐、沈曦师姐、彭安臣师兄、魏黎师姐、毕鹤霞师姐、孙涛师兄、钟云华师兄、雷家彬博士、臧兴兵博士、刘进博士、梁卿博士、赵永辉博士、熊俊峰博士、王鹏博士、李爱萍师妹对我学习和生活上的帮助。感谢教科院2008级所有同窗的博士生同学。

感谢我的单位龙岗区委党校的领导和同事给予我在科研工作上的大力支持和帮助，在本书稿的写作过程中多位领导和同事提供了很多理论和实践的灵感，令我深为感激。

感谢我的父亲和弟弟妹妹对我一直以来默默地支持和奉献。也非常感谢一直默默支持我的丈夫程向辉先生，在书稿的修改过程中，我的先生承担了大量的家务和育儿任务。

由于本人学识尚浅，在高等教育领域的研究还有待进一步拓展和深入，本书的研究只是为后续研究奠定了一个不太成熟和完善的基础，远没有达到预期的高度和深度，文中的疏漏和不当之处，敬请专家、学者、老师们指正。

谷志远

2015 年 8 月